SUNNY BOOKS

〈參星秘要〉諏吉便覽

含八門事宜圖式・新增九星吉凶法

珍藏本

參星秘要諏吉便覽

選擇家言紛紛不一而決從違闢悠謬攷覈精
當莫如
本朝協紀辨方一書顧卷帙浩繁不特鄉曲士
民購求匪易亦且征途行篋攜帶艱難予藩滇
時吏目俞榮寬嫻陰陽之學呈閱是編臚六十
甲子年月日時之休咎復以生命宜忌分系之
蓋專為諏吉而設採輯悉本協紀辨方折衷雅
為至當特喜其簡要不煩尤便於用故竭生移
節之吳以自隨藉資考鏡第坊間未有刊本不
足嘉惠衆人爰令陸理問在元倣照原書繕成
神珎小冊授梓以廣其傳庶人獲南針咸得瞭
如指掌於孫時逢吉之家或不無小補云

凡例

一選擇日辰每月以交節查看如正月初八日立春則初七日以前仍作一年十二月用至初八日以後方可作正月用又如十二月二十四日立春則二十三日係十二月二十四日以後即次年正月矣餘月倣此

一凡選擇先查時憲書內所值甲子查對如正月初八日立春是戊寅日則從戊寅日以正月查起如立春是丁卯則從丁卯日查起餘月倣此

一是編以六十花甲子定局如正月甲子係開日二月甲子即係收日逐月於前半頁圖內排定其吉凶神煞悉俱填註逐月圖內後半頁係本日之十二時分上下兩層其時上吉凶神煞即於該時之下填入以便選時十二時後附生命宜忌如甲子日凡係巳命生人為玉堂貴人乙命癸命生人同取旺於春令者春月甲子日用事乙癸為旺相也其子丑寅辰巳申酉戌亥九年生命亦各有所為俱於本命下註明至於卯命午命未命生人則值刑冲破害不宜用因子刑卯子午冲破子未穿害故並忌又戊寅戊午戊戌三年生命遇甲子日為災煞日俱不宜用又有都天煞之說如六甲命生人遇戊辰日是都天亦忌用餘倣此

一甲子日之第二篇即一年十二個月甲子日之用事如正月之甲子日止宜祭祀入學沐浴二月之甲子日止宜祭祀沐浴捕捉餘事俱不宜則不註如某日欲舉某事須於某月下查看曾否收入一目了然

一第二篇後半頁於一年十二個月用事之後附本日喜神貴神方位及干支相合并是年歲德歲德合歲祿歲馬陰陽貴人最為旺相如某年生人及某年用事俱于某甲子第二篇尾上查閱自明

一第二篇尾後並附冲剋如甲子日甲剋戊土子午相冲凡戊午命為天剋地冲甲午命為天比地冲俱忌用

一逐日吉神以天德月德天德合月德合天赦天願三合為上吉之神其力甚大能制伏一切凶煞凡本命相刑穿害及都天煞遇此吉神值日亦可不忌如與本命沖剋及三煞日仍忌

一凡日辰沖剋太歲沖剋月令及受剋於月令者俱不宜用如甲子年庚午日丙寅日壬申庚申兩日俱不宜用餘倣此

一經選日月不如選日選日不如選時時者日之用也能幫扶日辰使四柱純粹凡選時以貴人祿馬及與日支三合六合期為上吉

一凡時破及五不遇時大凶不可用其餘時上神煞不必盡拘又時沖月令沖歲君皆凶大事則忌小事可勿論

一上官出行係兩事嫁娶進人口係兩事動土破土係兩事等類某日宜某事則收入不宜則不註

一遇閏月照時憲書所載以交節查看如乾隆五十一年閏七月十五日交白露八月節則十四日以前作七月用十五日以後作八月用餘倣此

一土王用事不宜動土係隨節氣用事不能定局須查時憲書內值土王用事仍忌動土

一俗忌之楊公忌日紅沙日月忌日上兀下兀四不祥日九良星日概屬不經已奉刪除不必拘忌

一卷末摘鈔貴人登天門時乃時之最善者也通書所謂六凶斂威六神悉伏是也最為上吉之時力量甚大能制伏一切凶煞百事用之大吉但遇日破五不遇仍不宜用

一是編敬謹鈔錄校對無訛凡日辰總有吉凶神煞相併吉能制凶則有宜用之事如吉不勝凶則諸事不宜須明吉凶悔吝之道生剋制化之理自然趨避各當取舍得宜此編實為選擇至寶吉凶之輕重用事之忌宜靡不精且詳也

八門事宜

休 宜求財營謀公私百事皆吉

傷 宜會客求財營利

景 宜取討負欠訪故尋親

驚 宜捕捉覓求失物

生 宜救災治病遠行凡事吉

杜 宜避急難潛藏

死 宜漁獵

開 宜出入求官謁上賓百事吉

新增歌訣

見貴恭官必用開。求財覓利向休來。避病禱安生上去。傷門索債定難推。尋人訪故須逢景。觀魚獵射死門排。捉奸捕盜惟驚好。杜門走失未能回。

喜神貴神財神方位圖

鶴神方位圖

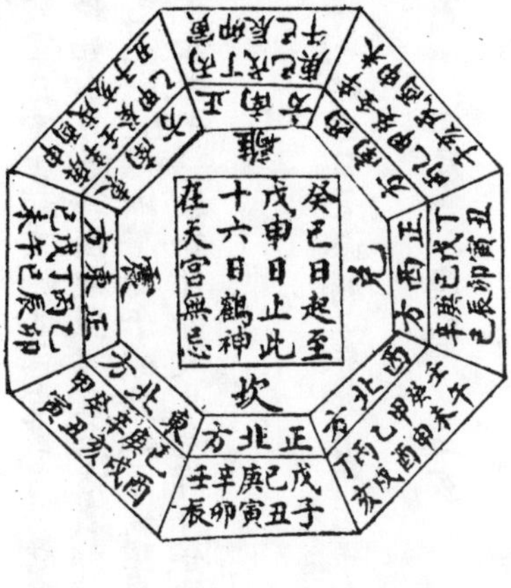
癸巳日起至戊申日止此十六日鶴神在天宮無忌

凡事避之大吉

用破軍法

或行軍破敵偶然緊急不能擇日就掌中查莫坐貪狼對破軍萬事吉利不怕凶神古載月月常加戌時時見破軍正月破軍指寅（破軍即是斗柄第一星） 正月就寅上起戌時如本日子時由破軍指在辰方我即持戌向辰而行（此時貪狼在戌對辰）或丑時出破軍指在巳方我即背亥向巳而出（巳亥對卯）以下由午順數二月破軍指卯就卯上起戌如子時出破軍指巳方我即背亥向巳而出以下亦由午順數餘月皆倣此而行月分總以交節氣為主姜太公行兵動周八百載多用此法圖式列右

日表

由年而月而日神煞備矣吉日既得而樞機之發必審乎時也時由日管選時必根於日作日表

干支相合十靈定局抄列

乙亥 癸未 庚寅 丁酉 壬寅 甲辰 庚戌 辛亥
丙辰 戊午

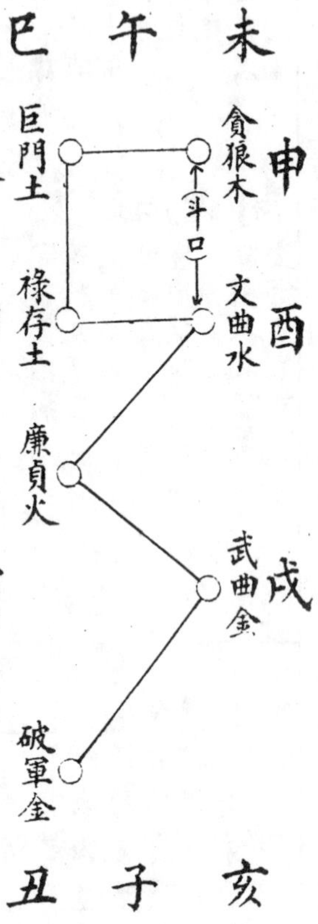

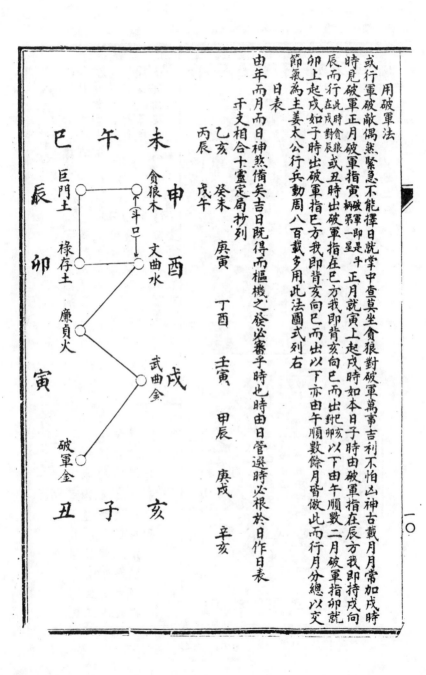

此太極動局生陽九局順行變三十六局又變五百四十局又變二千一百六十局

活圖四層皆割轉輪推剪開活用俱以甲己日甲子時定局最內一層引冬至上局例

此太極靜局生陰九局逆行變三十六局又變五百四十局又變二千一百六十局

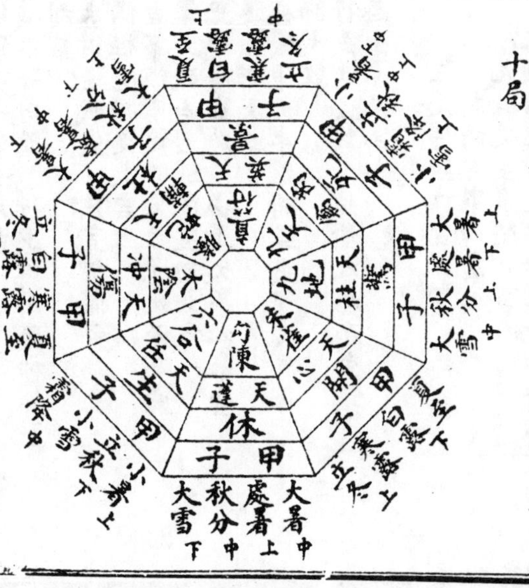

坎逢休正北水離大小暑正南火震冲傷正東木兌柱驚正西金乾心開西北金巽輔杜東南木艮生東北土坤離生西南土內一層例夏至上

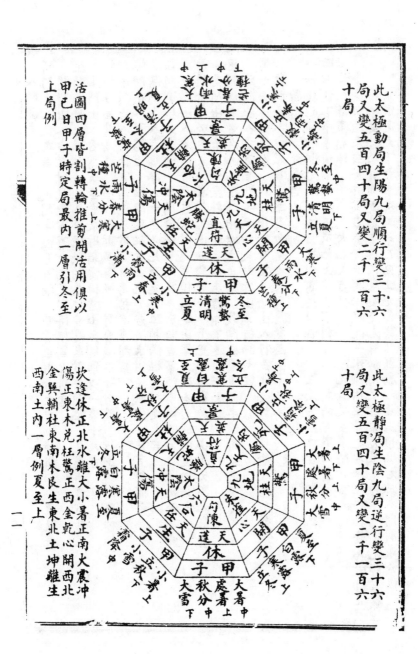

八門圖式

開門出入最為昌　戰鬭爭權百事强　見貴求財皆大吉　精雄人馬萬般長

開門出入者求財見貴百事大吉見官得理買賣稱意

生門正好出軍兵　人馬爭强戰鬭贏　若是求財并詞訟　見高得貴事皆成

生門出入者萬事皆吉求財謁貴稱意出兵行軍以一勝十大吉

休門仕官見高遷　出入求財事事解　買賣捕捉并田獵　行藏得用勝神仙

休門出入者仕官高遷求財買賣萬倍百事利益

傷門出入有傷亡　臨陣從征見血光　若是求財逢賊盜　只宜捕獵最為良

傷門出入者臨陣六十里必見血光兵陣相傷惟宜捕捉大吉

杜門遠行必有憂　戰鬭遭傷血大流　求謀吉事俱不遂　父亡子死必為憂

杜門出入者遠行有應求財謀事俱不遂出軍大敗凶若逃隱宜向北方

景門出入必有災　求謀不遂亦難回　八千里中逢盜賊　出軍大半入泉臺

景門出入者八千里外合逢盜賊求謀亦不遂出軍大凶

死門作事實為凶　疾病相纏主血膿　戰鬭死傷軍大半　將軍失守走無蹤

死門出入者百里外遇病防失財物出軍行師大敗

驚門去亦好驚人　戰鬭須防有損身　出入行藏逢盜賊　防輸人馬及金銀

驚門出入者求事不遂有血光之災又見驚恐出軍大凶

新增　九星吉凶

一軒轅（主挹打血光　百事不利）　二招搖（主詿）驚恐口舌　三天符（主凶）口舌百事

四青龍百事亨通　五咸池主災厄不利　六太陽百事如意

七天乙百事順遂　八太乙大吉　九攝提主爭鬭百事凶

註曰九天玄女與黃石公所傳兵法定此一水祿馬三奇之書與人行兵發馬出行征戰佈陣安營求財捕獵諸事無不應驗是先賢秘用之書袁天罡先師李淳風先師家藏佐太宗定天下於泰定二年乙丑上元節謄寫進獻以蘊玉匱焉右具八門圖式於後

斗柄指月掌中圖

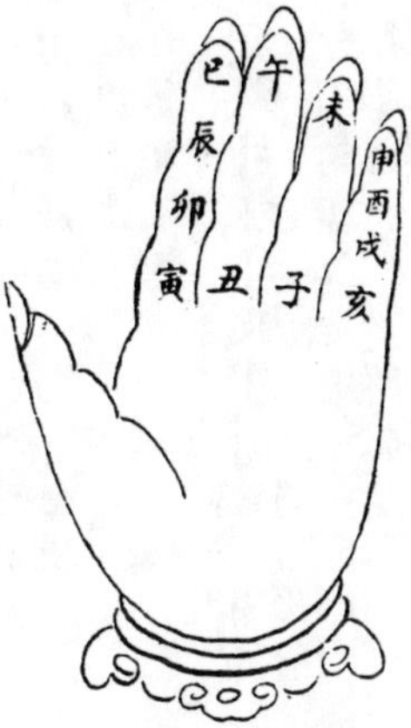

八卦八門九宮圖

喜神方位之圖

凡事迎之大吉

嫁娶周堂圖

凡選擇嫁娶日大月從夫順數小月從婦逆數擇第堂廚竈日用之如遇翁姑而無翁姑者亦可用

謹按通書選擇吉凶星宿詳註

天德歲德月德天德合月德合歲德合

天願 百事宜用能解諸凶

天恩 宜慶賀上表章宴會修造

月德四相時德 宜祭祀上表章上官出行結婚姻會親友進人口移徙裁衣興造開市栽種

八專 宜謁貴修造諸事吉

顯星 宜赴任入學吉事吉

福生聖心 宜祭祀祈福

月空 宜上疏安牀修造

不將 宜婚姻嫁娶

母倉 宜結婚開倉起造倉庫吉

天倉 宜作倉庫

天喜 宜慶賀上表章宴會嫁娶

劫煞災煞月煞月厭月刑 諸事不宜遇吉化解

反戈 忌上表章陳詞訟

楊公忌 忌宅

伏社 忌沐浴

上下兀 忌上官入學

往亡 忌出軍上表章宜出行嫁娶進人口捕捉畋獵遇吉化解

土府 忌動土

枯焦 忌栽種

兵禁 忌安解邊境遣將訓兵出師

天赦 宜踈獄施恩還頭修造興工入宅移居大吉

三合 宜慶賜賞賀宜命結婚姻諸事吉

五虛 宜修倉庫開倉庫出貨財

天吏 宜出軍立表章上官餘事不忌

上朔 忌結婚姻會親友

四離四絕 忌上表章上官宜進人口嫁娶出行移徙捕捉

長星短星 忌裁衣經絡開市立券交易納財

五墓四廢 諸事不宜進吉化解宜作生墳合壽衣

七月 定

臨日 三合 民日 天恩 時陰 時德 福星 青龍

死炁

六月 執

金堂 月德 天德 天恩 解神

月害 咸池 大敗 天時 小耗 五虛 九坎 九焦 天刑 歸忌

五月 破

天恩 解神 六儀 金匱

天火 災煞 大耗 月破 厭對 招搖 五虛

四月 危

月空 天馬 天恩 不將

天吏 致死 五虎 白虎

八月 平

陽德 時德 天恩 月宰 民日 玉堂 司命

天吏 死神 河魁 致死 往亡

三月 成

天照 天恩 大倉 母倉 三合 天喜 不將 聖心

八龍 四忌 歸忌 地囊 天牢

納音 海中金

冬至 上元一白 中元七赤 下元四綠

夏至 上元九紫 中元三碧 下元六白

入中宮

九月 滿

天恩 天巫 天馬 時德 福德 普護

大煞 天火 災煞 歸忌 天牢

二月 收

天恩 母倉 月德 陽德 司命

天賊 大敗 大時 天罡 月刑 四忌 咸池 八龍

十月 除

天恩 月德 官日 天馬 天赦 四相 吉期 敬安

咸池 大時 大敗 白虎

十一月 建

四相 月恩 天赦 天恩 官日 敬安 金匱

土府 小時 月建 月厭 地大

十二月 閉

大恩 大赦 天陰 月空 四相 官日 天合 續世

土符 血支 致死 天吏 歸忌 血忌 天刑

正月 開

天恩 母倉 時陽 生氣 益後 青龍

災煞 天火 四忌 八龍 復日

冬至後陽遁八門九星圖

甲子	乙丑	丙寅	丁卯	戊辰	己巳
日建 金匱	天乙 貴人 寶光 日合	白虎 日祿 日馬 喜神 福星 貴人	日刑 玉堂	天牢	元武
庚午	**辛未**	**壬申**	**癸酉**	**甲戌**	**乙亥**
司命 日破 五不遇	天乙 貴人 日害 勾陳	青龍 日害 勾陳 路空	天官 貴人 玉堂 路空	天刑 旬空	朱雀 旬空

天恩天福星月德生氣出入求財行軍上陣決勝千里可選吉時出東北艮方生門吉

夏至後陰遁八門九星圖

甲子	乙丑	丙寅	丁卯	戊辰	己巳
金匱	天德 六合 天乙 貴人	日祿 驛馬	玉堂	天牢	元武
庚午	**辛未**	**壬申**	**癸酉**	**甲戌**	**乙亥**
司命 日破 五不遇	天乙 貴人 勾陳 六害	青龍 路空	明堂 路空	天刑 旬空	朱雀 旬空

此日宜修造動土出行求財交易得利行軍上陣決勝千里謁貴上官赴任擇丑時向西南坤方生門出大吉

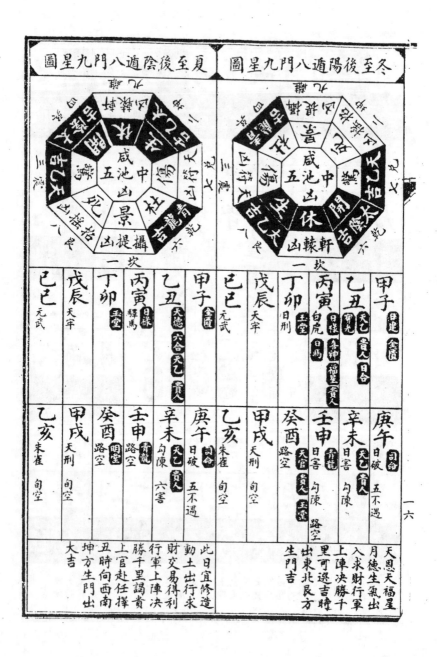

正月甲子 金義日
宜祭祀入學沐浴

二月甲子 金義日
宜祭祀沐浴捕捉

三月甲子 金義日
宜祭祀祈福襲爵受封會親友入學出行上官赴任臨政親民進人口
沐浴求醫療病裁衣竪柱上梁經絡醞釀開市立券交易納財牧養
納畜

四月甲子 金義日
宜會親友沐浴

五月甲子 金義日
諸事不宜

六月甲子 金義日
宜祭祀祈福求嗣上冊受封上表章襲爵受封會親友出行上官赴任
臨政親民結婚姻納采問名嫁娶解除沐浴剃頭整手足甲裁衣修
造動土竪柱上梁修倉庫捕捉牧養納畜安葬

七月甲子 金義日
宜祭祀祈福求嗣上冊受封上表章襲爵受封會親友冠帶出行上官
赴任臨政親民結婚姻納采問名嫁娶進人口移徙沐浴裁衣修造
動土竪柱上梁修倉庫經絡醞釀開市立券交易納財安碓磑牧養
納畜

八月甲子 金義日
宜祭祀沐浴修飾垣墻平治道塗

九月甲子 金義日

宜祭祀沐浴

十月甲子 金義日

宜祭祀祈福求嗣上冊受封上表章襲爵受封會親友出行上官赴任臨政親民結婚姻納采問名嫁娶移徙解除沐浴剃頭整手足甲納醫療病裁衣修造動土豎柱上梁修倉庫納財掃舍宇栽種牧養納畜安葬

十一月甲子 金義日

宜祭祀沐浴

十二月甲子 金義日

宜祭祀沐浴裁衣經絡醞釀安葬

按甲子為巳命真玉堂貴人乙癸命同取旺於春令

子命為天財催官金匱　丑命為續世六合　寅命為太陰月財天錢升天太陽生炁益後辰命為金匱富日天喜三合　巳命為富星天印　申命為金匱天錢三合　酉命為天寶天福天田　戌命為天富天嗣文昌　亥命為太陽天喜催官

卯午未命值刑沖剋害　又戊寅午戌命災煞日俱忌用

甲子日喜神東北方　貴神西南方　甲與巳合　子與丑合　甲生丁火

甲子年歲德在甲　歲德合在巳　歲祿在寅　歲馬在寅　陽貴人在未　陰貴人在丑

甲剋戊土　戊午命為天剋地沖　又甲午命為比沖俱忌用

此金無火能剋不能剋人（甲子乙丑）同叙

七月 執	六月 破	五月 危	四月 成
天恩 母倉 明堂	八恩	天恩 聖心 陰德 寶光	月德 天恩 臨日 三合 王堂 天喜 天醫 六儀
小耗 歸忌	月刑 大耗 月破 四擊 九空 朱雀	月虛 月煞 月害 四擊	招搖 月煞 四擊 歸忌

八月 定	納音	三月 收
天恩 母倉 月德合 時陰 三合 金堂	海中金	天恩 益後 不將
死氣 勾陳		五虛 河魁 元武

冬至 上元二黑 中元八白 下元五黃

夏至 上元八白 中元二黑 下元五黃

入中宮

九月 平	二月 開
天恩 母倉 福生	天恩 天倉 生氣 時陽 不將 敬安
天罡 死神 元武 月煞 月虛	九坎 九空 九焦 五虛 復日 勾陳

十月 滿	十一月 除	十二月 建	正月 閉
天恩 天德 月忌 四相 福德 守日 天巫 玉堂	天恩 四相 六合 吉期 守日 陰德 普護 寶光	天恩 守日 天德合 月德合 四相 敬安	天恩 明堂 續世
歸忌 大煞 月厭 地火 九空 孫神		土府 小時 月建 往亡 朱雀	天賊 血支 月虎 歸忌 血忌 月煞 五虛 土符

冬至後陽遁八門九星圖

丙子	丁丑	戊寅	己卯	庚辰	辛巳
天刑 天乙 貴人 日合	朱雀 福星 貴人 日建	金匱	寶光 日祿	白虎	五不遇 寶光

壬午	癸未	甲申	乙酉	丙戌	丁亥
路空 天牢 日害	路空 月破 元武	司命 天喜 貴人 天官 貴人	勾陳	句空 日刑 喜神 青龍	句空 福星 貴人 日馬 明堂

天恩天輔顯星宜出入求財行軍決戰大勝可選吉時出東北艮方生門吉

夏至後陰遁八門九星圖

丙子	丁丑	戊寅	己卯	庚辰	辛巳
天刑 六合 天乙 貴人	朱雀	金匱	天德 日祿	白虎	五不遇 玉堂

壬午	癸未	甲申	乙酉	丙戌	丁亥
天牢 六害 路空	元武 路空 日破	天乙 貴人	勾陳	句空 青龍	句空 明堂 驛馬

此日宜出入求財上官赴任求婚姻嫁娶謀望行軍決戰百勝宜出酉時龍門吉　凡求財交易安置舖吉俱在西南方無不吉利或在正北方亦吉

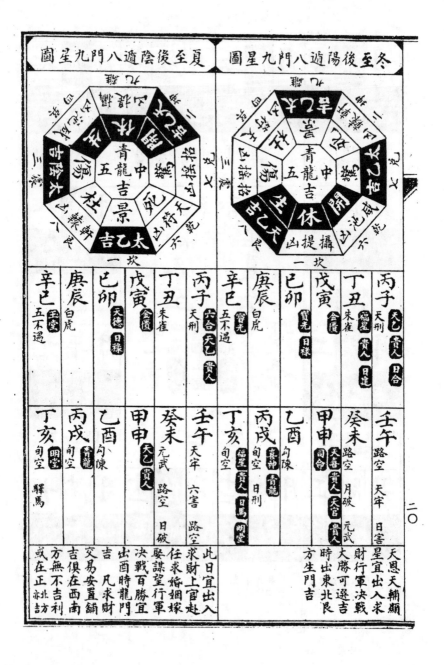

正月乙丑金制日
諸事不宜

二月乙丑金制日
宜祭祀祈福求嗣上冊受封上表章襲爵受封會親友入學出行上官
赴任臨政親民嫁娶移徙解除求醫療病裁衣修造動土豎柱上梁
修置產室開渠穿井安碓磑牧養納畜

三月乙丑金制日
宜祭祀進人口納財捕捉取魚納畜

四月乙丑金制日
宜祭祀祈福求嗣上冊受封上表章襲爵受封會親友入學出行上官
赴任臨政親民結婚姻納采問名嫁娶進人口解除求醫療病裁衣
築隄防修造動土豎柱上梁修倉庫經絡醞釀開市立券交易納財
安碓磑牧養納畜安葬

五月乙丑金制日
宜祭祀

六月乙丑金制日
諸事不宜

七月乙丑金制日
宜會親友捕捉牧養納畜

八月乙丑金制日
宜祭祀祈福求嗣上冊受封上表章襲爵受封會親友出行上官赴任
臨政親民結婚姻納采問名嫁娶進人口移徙解除裁衣修造動土
豎柱上梁修倉庫經絡醞釀立券交易納財安碓磑牧養納畜安葬

九月乙丑 金制日	諸事不宜
十月乙丑 金制日	宜祭祀
十一月乙丑 金制日	宜祭祀祈福求嗣襲爵受封會親友出行上官赴任臨政親民結婚姻納采問名嫁娶進人口移徙解除沐浴剃頭整手足甲求醫療病裁衣修造動土豎柱上梁修倉庫經絡醞釀立券交易納財開倉庫出貨財掃舍宇牧養納畜安葬
十二月乙丑 金制日	宜祭祀祈福求嗣會親友結婚姻納采問名解除裁衣豎柱上梁納財開倉庫出貨財牧養納畜安葬

按乙丑為甲命真文曲文昌天嗣貴人戊庚命同取旺於春令

子命為太陽天喜地財催官續世六合　丑命為月財太陰　寅命為天壽催官續世紅鸞

卯命為天錢福星　辰命為天貴天田天錢益後　巳命為天喜三合　申命為紫微

酉命為天錢三合　亥命為福星文曲天嗣生炁天福

午未戌命刑冲剋害　又戊寅午戌命歲煞日俱忌用

乙丑日喜神西北方　貴人西南方　乙與庚合　子與丑合　乙生丙火

乙丑年歲德在庚　歲德合在乙　歲祿在卯　歲馬在亥　陽貴人在申　陰貴人在子

乙剋巳土　巳未命為天剋地冲　又乙未命為比冲俱忌用

丙寅日

正月 建
月德 天恩 月恩 四相五合 王日要安 天倉 不將 鳴吠對
土府 小時 月建 往亡 天刑

二月 閉
天恩 四相 王日 五富 五合 不將 普護 青龍 鳴吠對
血支 遊禍 歸忌

三月 開
驛馬司命 天后月空 時陽天恩 生氣四相 六儀陽德 續世王日 五合 鳴吠對
招搖 厭對 血忌

四月 收
天德合 天恩 母倉 敬安 五合 鳴吠
土符 月害 天罡 劫煞 復日 天牢

五月 成
月德 天恩 母倉益後 三合 天馬三合 天喜 天醫 鳴吠對
歸忌 大煞 白虎

六月 危
天恩 母倉 五官 五合 金匱 鳴吠對
遊禍

七月 破
月空 天恩 驛馬 聖心 解神 天合 五合 鳴吠對
月刑 月破 大耗 天刑

八月 執
天恩 解神 三合 青龍 鳴吠對
地囊 劫煞 小耗 歸忌

九月 定
月德 天恩 陽德 三合天德 臨日五合 時陰 司命 鳴吠對
九坎 死氣 月厭 地火 九焦 孤辰

十月 平
天恩 時德 相日 金堂 六合 五富 五合 鳴吠對
遊禍 死神 河魁 五虛 天牢

十一月 滿
相日 驛馬 天后五合 天馬天恩 天巫月空 福德時德 福生 鳴吠對
歸忌 五虛 白虎

十二月 除
天恩 時德 相日 吉期 不將 金匱 玉堂 五合 鳴吠對
天賊 劫煞 五虛

納音 爐中火

冬至 上元三碧 中元九紫 下元六白
夏至 上元七赤 中元一白 下元四綠

入中宮

冬至後陽遁八門九星圖

戊子	己丑	庚寅	辛卯	壬辰	癸巳
天官 青龍 貴人 福星 貴人	明堂	日建 天刑	朱雀	金匱 五不遇 路空	日祿 寶光 路空 日害 日刑

甲午	乙未	丙申	丁酉	戊戌	己亥
白虎	玉堂	喜神 日馬 日破 天牢	天乙 貴人 元武	福星 旬空	天乙 貴人 六合 勾陳 旬空

天蓋星死焉不宜出入求財行軍主有損折人馬遇急可選吉時出正北坎方休門吉

夏至後陰遁八門九星圖

戊子	己丑	庚寅	辛卯	壬辰	癸巳
青龍		天刑	朱雀	金匱 路空 五不遇	天德 日祿 路空 六害

甲午	乙未	丙申	丁酉	戊戌	己亥
白虎	玉堂	天牢 日破 驛馬	天乙 貴人 元武	司命 旬空	天乙 貴人 六合 勾陳 旬空

此日宜上官赴任求謀謁貴求財買賣求利無不亨快順遂選未時或于丑時出東南門開門吉

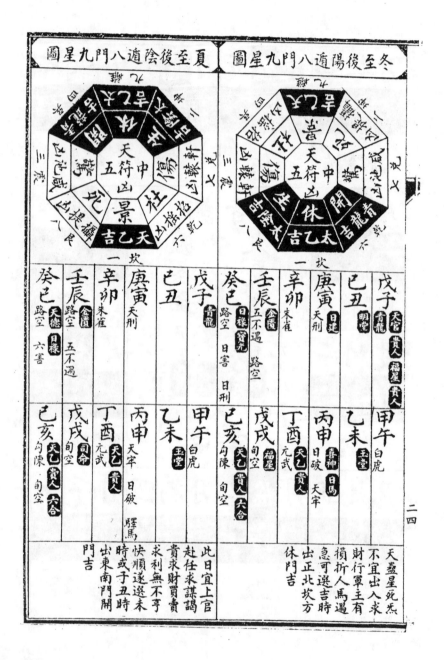

正月丙寅火義日

宜會親友結婚姻納采問名解除裁衣豎柱上梁立券交易納財開倉庫出貨財牧養納畜安葬啟攢

二月丙寅火義日

宜裁衣築隄防修倉庫經絡醞釀立券交易納財補垣塞穴栽種牧養納畜破土啟攢

三月丙寅火義日

宜上冊受封上表章襲爵受封會親友入學出行上官赴任臨政親民結婚姻納采問名移徙解除求醫療病裁衣修造動土豎柱上梁開市立券交易納財開倉庫出貨財修置產室開渠穿井安碓磑栽種牧養

四月丙寅火義日

宜上冊受封上表章襲爵受封會親友出行上官赴任臨政親民結婚姻納采問名嫁娶進人口移徙解除裁衣豎柱上梁立券交易納財捕捉牧養納畜

五月丙寅火義日

宜上冊受封上表章襲爵受封會親友入學出行上官赴任臨政親民納婚姻納采問名嫁娶進人口解除求醫療病裁衣築隄防修造動土豎柱上梁修倉庫經絡醞釀開市立券交易納財安碓磑栽種牧養納畜破土安葬啟攢

六月丙寅火義日

宜會親友結婚姻安床經絡醞釀開市立券交易納財開倉庫出貨財栽種牧養納畜破土啟攢

七月丙寅火義日

諸事不宜

八月丙寅火義日

宜沐浴捕捉

九月丙寅火義日

諸事不宜

十月丙寅火義日

宜襲爵受封會親友出行上官赴任臨政親民結婚姻納采問名嫁娶
進人口移徙裁衣修造動土竪柱上梁修倉庫經絡醞釀開市立券
交易納財開倉庫出貨財修飾垣墻平治道塗栽種牧養納畜破土
安葬啟攢

十一月丙寅火義日

宜上册受封上表章會親友出行進人口解除裁衣修造動土竪柱上
梁經絡開市立券交易納財補垣塞穴栽種牧養破土啟攢

十二月丙寅火義日

宜沐浴掃舍宇

按丙寅日為申命真天祿專祿福星貴人又巳命為催官天福六辛同取旺於夏令
子命為福星天貴月財文昌驛馬　丑命為太陽天喜天財催官　寅卯命平　辰命為福
星催官生炁續世驛馬　午命為益後天喜三合　未命為富民天財天印　酉命為紫微
戌命為三合　亥命為天福天田天錢六合金匱天寶
巳申命為刑冲　又己巳酉命劫煞日俱忌用
丙寅日喜神西南方　貴人西南方　丙與辛合　寅與亥合　丙生巳土
丙寅年歲德在丙　歲德合在辛　歲祿在巳　歲馬在申　陽貴人在酉　陰貴人在亥
丙尅庚金　庚申命為天尅地冲　又丙申命為比冲俱忌用
爐中之火金木重重必主大富冬火要土藏形丙寅丁卯同敘

正月 除
天德　天恩　四相　官日　五合　吉期　不將　玉堂　鳴吠對
大時　大敗　咸池　朱雀

二月 建
月恩　天恩　四相　官日　天恩明堂　福生　五合　鳴吠對
月建　小時　土府　厭對　招搖

三月 閉
月德合　天德合　天恩　要安　官日　四用　五合　鳴吠對
月害　天吏　致死　血忌　勾陳

四月 開
天恩　母倉　陰德　時陽　生氣　普護　五合　鳴吠對
災煞　天火　元武

五月 收
天恩　母倉　續世　五合　玉堂　鳴吠對
大時　大敗　咸池　往亡　血忌　復日　九坎　九焦

六月 成
天恩　母倉　三合　臨日　五合　天官寶光　天醫　鳴吠對
大煞

七月 危
月德合　天恩　五合　益德　鳴吠對
土符　致死　天吏　五虛　朱雀

八月 破
天恩　五合　明堂　鳴吠對
月破　災煞　大耗　天火　地大　五虛　月厭

九月 執
天合　聖德　五合　鳴吠對
大時　大敗　咸池　小耗　五虛　勾陳

十月 定
天恩　陰德　民日　三合　時陰　五合　鳴吠對
死炁　玄武

十一月 平
月德合　天恩　民日　不將　五合　玉堂　鳴吠對
天罡　死神　月刑　天吏　致死　天賊

十二月 滿
天恩　民日　天巫　福德五合　天倉　不將　玉堂　鳴吠對
災煞　天火

納音
爐中火

冬至　上元四綠　中元一白　下元七赤
夏至　上元六白　中元九紫　下元三碧

入中宮

冬至後陽遁八門九星圖

庚子 司命 日刑	辛丑 勾陳	壬寅 青龍 路空	癸卯 日建 明堂 五不遇	甲辰 日害 天刑	乙巳 日馬 朱雀
丙午 日祿 喜神 金匱	丁未 寶光	戊申 白虎	己酉 天乙貴人 福星貴人 日破 玉堂	庚戌 日合 天牢 旬空	辛亥 天乙貴人 天官貴人 元武 旬空

火星血光天害主有傷亡虛驚之兆不宜出入求財行軍遇急可選吉時出正南離方開門吉

夏至後陰遁八門九星圖

庚子 司命	辛丑 勾陳	壬寅 青龍 路空	癸卯 明堂 路空 五不遇	甲辰 天刑 六害	乙巳 朱雀 驛馬
丙午 金匱 日祿	丁未 天德	戊申 白虎	己酉 天乙貴人 玉堂 日破	庚戌 六合 天牢 旬空	辛亥 天乙貴人 元武 旬空

此日宜買賣求利出行見貴上官赴任選升時出正東開門或正北生門大吉又宜襲爵受封

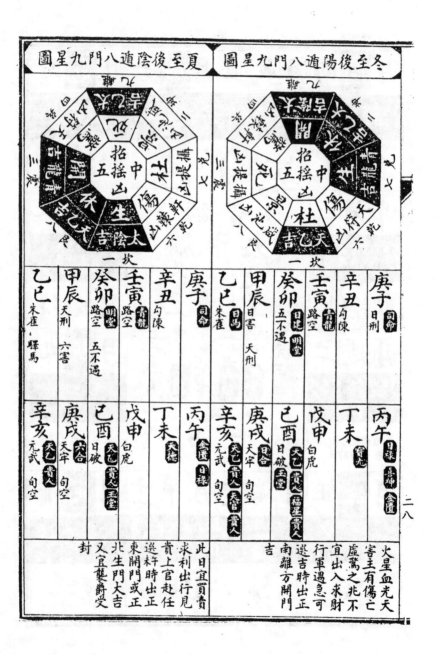

正月丁卯火義日

宜祭祀祈福求嗣上冊受封上表章襲爵受封會親友出行上官赴任臨政親民結婚姻納采問名嫁娶移徙解除沐浴整手足甲求醫療病裁衣修造動土豎柱上梁修倉庫立券交易納財開倉庫出貨財掃舍宇栽種牧養納畜破土安葬啟攢

二月丁卯火義日

宜祭祀祈福求嗣襲爵受封會親友出行上官赴任臨政親民結婚姻納采問名移徙解除求醫療病裁衣豎柱上梁立券交易納財開倉庫出貨財牧養啟攢

三月丁卯火義日

宜祭祀裁衣補垣塞穴

四月丁卯火義日

宜祭祀入學

五月丁卯火義日

宜祭祀

六月丁卯火義日

宜上冊受封上表章襲爵受封會親友入學出行上官赴任臨政親民結婚姻納采問名嫁娶進人口移徙求醫療病裁衣築隄防修造動土豎柱上梁修倉庫經絡醞釀開市立券交易納財安碓磑栽種牧養納畜破土啟攢

七月丁卯火義日

宜祭祀祈福求嗣上冊受封上表章襲爵受封會親友出行上官赴任臨政親民結婚姻納采問名嫁娶移徙安床解除裁衣豎柱上梁立券交易牧養納畜安葬啟攢

八月丁卯火義日

諸事不宜

九月丁卯火義日　宜祭祀祈福會親友結婚姻嫁娶進人口經絡醞釀捕捉畋獵納畜破土安葬啟攢

十月丁卯火義日　宜襲爵受封會親友冠帶出行上官赴任臨政親民結婚姻納采問名嫁娶進人口移徙裁衣修造動土豎柱上梁修倉庫經絡醞釀開市立券交易納財安碓磑牧養納畜破土啟攢

十一月丁卯火義日　宜祭祀平治道塗

十二月丁卯火義日　宜祭祀

按丁卯為巳命真科甲文曲貴人乙壬癸命同取旺於夏令

丑命為福星地財天錢生炁天富　寅命為太陽天喜催官　卯命為金匱天財　巳命為福星天壽　午命為天貴天田催官續世　未命為金匱太陰地財升天太陽天喜三合富日　申命為富星天印益後月財　戌命為紫微六合　亥命為金匱三合

子辰酉命忌　又已巳酉丑命災煞日俱忌用

丁卯日喜神正南方　貴神西南方　丁與壬合　卯與戌合　丁生戌土

丁卯年歲德在壬　歲德合在丁　歲祿在午　歲馬在巳　陽貴人在亥　陰貴人在酉

丁剋辛金　辛酉命為天剋地冲　又丁酉命為比冲俱忌用

戊辰日

月份	吉神	凶煞
正滿月	天恩 福德 天儀 守日 金堂 金匱 天巫	九坎 招搖 厭對 九空 九焦
二除月	天恩 守日 吉期	月害 天刑
三建月	天恩 青龍 玉宇 守日	月建 小時 土府 五墓 月刑 復日 小會 單陰
四開月	天恩 四相 陽德 時德 福生 司命	五虛 月煞 月虛 血支 純陰
五開月	生氣 時德 天恩 月恩 四相 時陽 要安	五虛 九空 天牢
六收月	天恩 天馬 四相 時德 普護	五虛 天罡 五墓 白虎
七成月	天恩 母倉 三合 金匱 天喜 天醫 續世 天德合	四擊 地火 月厭 大煞 血忌
八危月	天恩 母倉 六合 不將 敬安	四擊 月煞 月虛 天刑
九破月	天恩 母倉 不將 青龍 益後 解神	五墓 四擊 大耗 月破 九空 往亡 復日
十執月	天恩 解神 陽德 司命	天賊 小耗 土符
十一定月	天恩 天倉 時陰 三合 臨日 聖心	死氣 天牢
十二平月	天恩 天馬	月煞 死神 河魁 月虛 五墓 白虎

納音 大林木

冬至：上元五黃 中元二黑 下元八白

夏至：上元五黃 中元八白 下元二黑

入中宮

冬至後陽遁八門九星圖

夏至後陰遁八門九星圖

冬至後陽遁

壬子	路空　天牢	
癸丑	天乙貴人　路空　元武	
甲寅	五不遇　日祿　司命	
乙卯	天官貴人　日害　勾陳	
丙辰	喜神　青龍　日刑	
丁巳	日祿	
戊午	天刑	
己未	天乙貴人　朱雀	
庚申	福星　貴人　金匱	
辛酉	日合　寶光	
壬戌		
癸亥	玉堂　路空　日破　白虎　旬空	

玉堂黃道天恩福星宜出入求財見陣上官吉可選吉時出西南坤方休門吉

夏至後陰遁

壬子	司命　天牢　路空	
癸丑	貴人　元武　路空	
甲寅	司命　驛馬　五不遇	
乙卯	勾陳　六害	
丙辰	青龍	
丁巳	日祿　明堂	
戊午	天刑	
己未	貴人　朱雀	
庚申	金匱	
辛酉		
壬戌	天德　六合　白虎　路空　旬空　日破	
癸亥	玉堂　路空　旬空	

此日宜出入求財上官赴任見陣皆吉選巳辰時出東北艮方休門吉

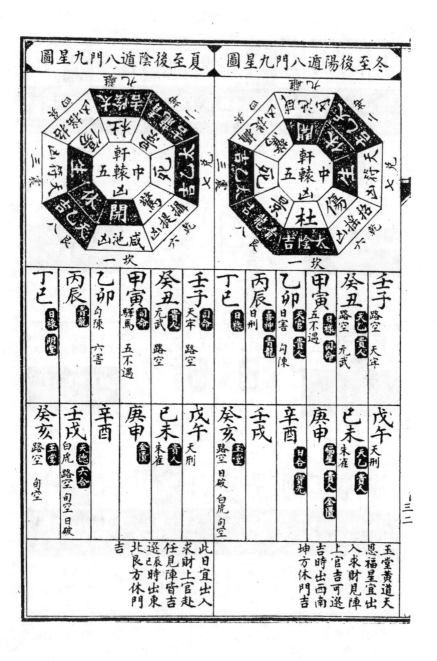

正月戊辰木專日	宜祭祀祈福上册受封上表章會親友裁衣經絡
二月戊辰木專日	宜襲爵受封出行上官赴任臨政親民解除沐浴剃頭整手足甲掃舍宇
三月戊辰木專日	諸事不宜
四月戊辰木專日	諸事不宜
五月戊辰木專日	宜祭祀祈福求嗣上册受封上表章襲爵受封會親友入學出行上官赴任臨政親民結婚姻納采問名移徙解除求醫療病裁衣修造動土豎柱上梁修置產室開渠穿井安碓磑栽種牧養
六月戊辰木專日	宜祭祀納財捕捉
七月戊辰木專日	宜祭祀祈福求嗣上册受封上表章會親友入學進人口解除裁衣築隄防修造動土豎柱上梁修倉庫經絡醞釀開市立券交易納財安碓磑牧養納畜安葬
八月戊辰木專日	諸事不宜

九月戊辰木專日

宜祭祀沐浴破屋壞垣

十月戊辰木專日

宜上表章會親友解除沐浴剃頭整手足甲求醫療病捕捉畋獵

十一月戊辰木專日

宜祭祀祈福上册受封上表章會親友冠帶上官赴任臨政親民結婚姻納采問名嫁娶進人口裁衣修造動土豎柱上梁修倉庫經絡醞釀立券交易納財安碓磑納畜

十二月戊辰木專日

諸事不宜

按戊辰日乃貴人祿馬不居之地甲命取為催官旺於四季子命用之為天錢金匱三合　丑命為天福天田升天太陽　寅命為福星天財文昌天富巳命平　午命為福星天壽天錢生炁金匱　未命為天貴天田　申命為天財催官續世天喜三合富日　酉命為富星天壽天印六合　亥命為紫微紅鸞益後

卯辰戌命忌　又六甲命都天乙巳酉丑命歲煞日俱忌用

戊辰日喜神東南方　貴神正南方　戊與癸合　辰與酉合　戊生辛金

戊辰年歲德在戊　歲德合在癸　歲祿在巳　歲馬在寅　陽貴人在丑　陰貴人在未

戊剋壬水　壬戌命為天剋地冲　又戊戌命為比冲俱忌用

大林木本質無根多水則朽多金成器用貴家成棟樑用之富家積穀千倉用之貧家借資

飲食戊辰己巳

己巳日

月令	吉神	凶神
七月收	五富 六合 天願 要安 寶光	劫煞 河魁 重日
六月開	天德合 王日 驛馬 天后 時陽 生氣 福生 月德合 四相 玉堂	地火 月厭 陰錯 復日 重日
五月閉	王日 四相 玉宇	遊禍 血支 元武 重日
四月建	四相 日恩 王日	重日 土府 小時 月建 勾陳 小會 純陽 陽錯
三月除	五富 吉期 陰德 相日 金堂 玉堂	五虛 劫煞 重日
二月滿	天后 驛馬 相日 月德合 天巫 福德 聖心	大煞 土符 五虛 往亡 重日 朱雀
正月平	相日 寶光	遊禍 月刑 死神 天罡 五虛 重日 月害
十二月定	時陰 三合 六儀 玉堂	死氣 九坎 招搖 厭對 九焦 復日 重日
十一月執	不將 五富 益後	重日 劫煞 小耗 元武
十月破	天德 驛馬 月德合 天倉 不將 敬安	重日 月破 大耗 勾陳
九月危	續世 陰德 明堂	血忌 遊禍 天賊 重日
八月成	臨日 天醫 三合 天吉 普護	重日 朱雀

納音大林木

冬至上元六白 中元三碧 下元九紫

夏至上元四綠 中元七赤 下元一白

入中宮

冬至後陽遁八門九星圖

甲子 天乙 貴人 白虎	乙丑 玉堂 五不遇	丙寅 喜神 天官 貴人 日害 天牢	丁卯 元武	戊辰 司命	己巳 日建 勾陳
庚午 日祿 青龍	辛未 福星 貴人 明堂	壬申 天乙 貴人 日合 路空 日刑 天刑	癸酉 路空 朱雀	甲戌 金匱 旬空	乙亥 日馬 寶光 五不遇 日破 旬空

天福星天台星月德生炁宜出入求財見官行軍決勝千里可選吉時出正南離方開門吉

夏至後陰遁八門九星圖

甲子 貴人 白虎	乙丑 玉堂 五不遇	丙寅 天牢 六害	丁卯 元武	戊辰 司命	己巳 勾陳
庚午 青龍	辛未 明堂	壬申 天乙 貴人 六合 天刑 路空	癸酉 朱雀 路空	甲戌 金匱 旬空	乙亥 天德 驛馬 日破 旬空

此日宜出軍見陣決戰千里出艮方休門吉 上官赴任出行求財宜向正北方出生門吉入學用巳時吉

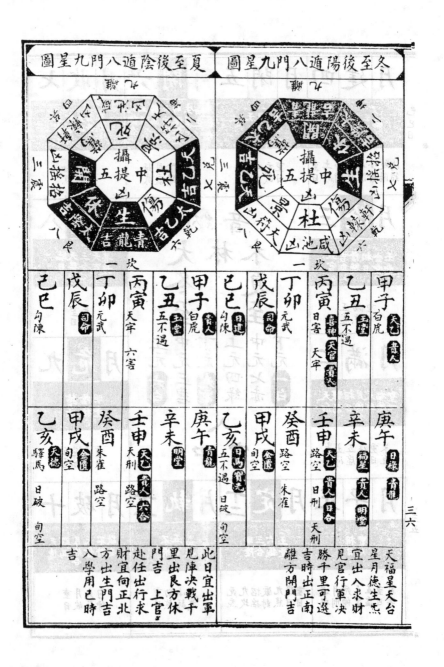

正月己巳木義日
宜平治道塗

二月己巳木義日
宜祭祀祈福求嗣會親友結婚姻納采問名解除裁衣豎柱上梁經絡
開市立券交易納財開倉庫出貨財牧養納畜

三月己巳木義日
宜沐浴掃舍宇

四月己巳木義日
諸事不宜

五月己巳木義日
宜祭祀裁衣築隄防納財補垣塞穴栽種牧養

六月己巳木義日
宜祭祀入學

七月己巳木義日
宜祭祀祈福求嗣上册受封上表章襲爵受封會親友上官赴任臨政
親民結婚姻納采問名嫁娶進人口移徙裁衣修造動土豎柱上梁
修倉庫經絡醞釀開市立券交易納財開倉庫出貨財捕捉栽種牧
養納畜

八月己巳木義日
宜祭祀祈福上册受封上表章襲爵受封會親友入學上官赴任臨政
親民結婚姻納采問名嫁娶進人口移徙求醫療病裁衣築隄防修
造動土豎柱上梁修倉庫經絡醞釀開市立券交易納財安碓磑栽
種牧養納畜

九月己巳木義日　宜祭祀安床畋獵

十月己巳木義日　宜祭祀解除求醫療病破屋壞垣

十一月己巳木義日　宜祭祀捕捉畋獵

十二月己巳木義日　宜會親友冠帶臨政親民結婚姻納采問名進人口裁衣修造動土豎柱上梁修倉庫經絡醞釀立券交易納財安碓磑牧養納畜

按己巳為申命真文昌進祿貴人己命歲德合丙戌壬癸命同取旺於四季　辰命為子命為紫微益後　丑命為天嗣六合　卯命為福星太陰文昌生炁天富驛馬　辰命為太陽天喜天壽催官　巳命為天錢　午命平　未命為福星驛馬　酉命為月財天喜富日三合　戌命為富星天印催官紅鸞

寅申亥命值刑沖破害　又六己命都天甲申子辰命劫煞日俱忌用

己巳日喜神東北方　貴神西南方　甲與己合　巳與申合　己生庚金

己巳年歲德在甲　歲德合在己　歲祿在午　歲馬在亥　陽貴人在子　陰貴人在申

己尅癸水　癸亥命為天尅地沖　又巳亥命為比沖俱忌用

月	建除	吉	凶
正月	定	臨日 三合 民日 時德 天馬 時陰 鳴吠	死炁 地囊 白虎
二月	平	民日 時德 月空 益後 金匱 鳴吠	天吏 河魁 死神 致死
三月	滿	民日 時德 月恩 天巫 福德 鳴吠	大煞 災煞 天火 天刑
四月	除	吉期 官日 月德 聖心 青龍 鳴吠	大敗 大時 咸池
五月	建	金堂 官日 陽德 司命 鳴吠	月厭 月刑 小時 月建 土府 地火 土符
六月	閉	六合 月空 官日 鳴吠	血支 致死 天吏 往亡 天牢
七月	開	生氣 時陽 天馬 玉宇 鳴吠	復日 災煞 天火 白虎
八月	收	金匱 月恩 福生 鳴吠	咸池 大敗 大時 天罡 天賊 九坎 九焦
九月	成	天醫 天喜 三合 月恩 不將 要安 鳴吠	天刑
十月	危	不將 月空 天德合 普護 青龍 鳴吠	致死 天吏 五虛
十一月	破	續世 六儀 陽德 解神 司命 鳴吠	月破 大耗 災煞 天火 血忌 招搖 厭對 五虛
十二月	執	敬安 月德 天德 解神 鳴吠	咸池 大敗 大時 月害 小耗 五虛 天牢

納音
路傍土

冬至 上元七赤 中元四綠 下元一白

夏至 上元三碧 中元六白 下元九紫

入中宮

冬至後陽遁八門九星圖

日	註
丙子	金匱 五不遇 日破
丁丑	天乙 貴人 寶光 日害
戊寅	日馬 白虎
己卯	玉堂
庚辰	天牢
辛巳	元武
壬午	天官 貴人 福星 貴人 路空 日刑 日建 司命
癸未	天乙 貴人 日合 路空 勾陳
甲申	日祿 青龍 日馬
乙酉	明堂
丙戌	喜神 五不遇 天刑
丁亥	朱雀 旬空

天休日死炁刑星伐日不宜出入求財行軍主有虛驚遇急可遂吉時出正東震方休門吉

夏至後陰遁八門九星圖

日	註
丙子	金匱 日破 五不遇
丁丑	天德 貴人 六害
戊寅	白虎
己卯	玉堂
庚辰	天牢
辛巳	元武
壬午	司命 路空
癸未	貴人 六合 勾陳 路空
甲申	驛馬
乙酉	日祿 青龍
丙戌	明堂 五不遇 天刑 旬空
丁亥	朱雀 旬空

此土伐日死炁不宜出入求財行軍主有虛驚之事加遇急出軍或出行可遂申時出乾方生門吉或出西門皆吉宜上官赴任襲爵受封

正月庚午土伐日

宜祭祀祈福求嗣上冊受封上表章襲爵受封會親友冠帶出行上官赴任臨政親民結婚姻納采問名嫁娶進人口移徙裁衣豎柱上梁醞釀開市立券交易納財開倉庫出貨財牧養納畜安葬

二月庚午土伐日

宜祭祀修飾垣牆平治道塗

三月庚午土伐日

宜祭祀

四月庚午土伐日

宜祭祀祈福求嗣上冊受封上表章襲爵受封會親友出行上官赴任臨政親民結婚姻納采問名嫁娶移徙解除沐浴剃頭整手足甲求醫療病裁衣修造動土豎柱上梁修倉庫掃舍宇栽種牧養安葬

五月庚午土伐日

諸事不宜

六月庚午土伐日

宜醞釀補垣塞穴破土安葬

七月庚午土伐日

宜祭祀入學

八月庚午土伐日

宜祭祀捕捉

九月庚午土伐日

宜祭祀祈福求嗣襲爵受封會親友入學出行上官赴任臨政親民結婚姻納采問名嫁娶進人口移徙解除求醫療病裁衣築隄防修造動土豎柱上梁修倉庫醞釀開市立券交易納財開倉庫出貨財安碓磑栽種牧養納畜破土安葬

十月庚午土伐日

宜祭祀祈福求嗣上冊受封上表章襲爵受封會親友入學出行上官赴任臨政親民結婚姻納采問名嫁娶移徙安床解除裁衣修造動土豎柱上梁修倉庫伐木栽種牧養納畜破土安葬

十一月庚午土伐日

諸事不宜

十二月庚午土伐日

宜祭祀祈福求嗣上冊受封上表章襲爵受封會親友出行上官赴任臨政親民結婚姻納采問名嫁娶移徙解除沐浴剃頭整手足甲裁衣修造動土豎柱上梁修倉庫伐木捕捉栽種牧養納畜破土安葬

按庚午為巳命真專祿文曲武曲貴人丁辛命同取旺於秋令　寅命為金匱太陰財星三合　卯命為天財天福天田益後　辰命為福星文昌天富　巳命為太陽天喜催官　未命為天壽金匱六合　申命為福星財星月財天錢生炁　酉命為天貴天財田宅紅鸞　戌命為金匱天壽天喜富日三合　亥命為富星天印

子丑午命忌　又甲申子辰命災煞日俱忌用

庚午日喜神西北方　貴神西南方　乙與庚合　午與未合　庚生癸水

庚午日歲德在庚　歲德合在乙　歲祿在申　歲馬在申　陽貴人在丑　陰貴人在未

庚剋甲木　甲子命為天剋地沖　又庚子命為比沖俱忌用

路傍土其土性虛剋之無損生之無益小水能剋大水必流貴人臨之受殃最宜炎照富貴人長庚午辛未同斂

辛未日

月	建除	吉神	凶神
七月	閉	金堂、母倉、玉堂	血支、月虛、月煞、天敗、五虛
六月	建	守日、月恩、聖心	小時、月建、土府、元武
五月	除	月德合、吉期、守日、六合	勾陳
四月	滿	天巫、守日、天德、福德、益後、明堂	九坎、九空、地火、月厭、九焦、大煞、孤辰
三月	平	空亡	月煞、死神、天罡、月虛、朱雀
二月	定	時陰、三合、陰德、續世、寶光	死氣、血忌
正月	執	敬安、月德合、玉堂	小耗
十二月	破	月恩、普護	四擊、大耗、月破、九空、元武
十一月	危	要安	四擊、月虛、月煞、月害、勾陳
十月	成	天醫、天喜、臨日、三合、六儀、福生、明堂	四擊、厭對、招搖、往亡
九月	收	天德合、母倉、不將、玉宇、月德合	地囊、月刑、河魁、五虛、朱雀
八月	開	生氣、時陽、陰德、母倉、天倉、不將、寶光	土府、五虛、九空、復日

納音 路傍土

冬至 上元八白 中元五黃 下元二黑

夏至 上元二黑 中元五黃 下元八白

入中宮

冬至後陽遁八門九星圖

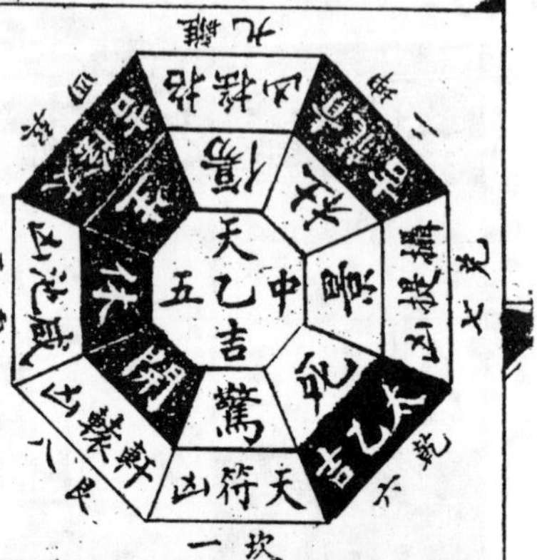

戊子	日害 天刑
己丑	日破 日刑 朱雀
庚寅	天乙 貴人 金匱
辛卯	寶光
壬辰	路空 白虎
癸巳	天官 貴人 福星 貴人 路空 日馬 玉堂
甲午	天乙 貴人 日合 天牢
乙未	日建 元武
丙申	喜神 司命
丁酉	日祿 五不遇 勾陳
戊戌	青龍 旬空
己亥	明堂 旬空

天福星天台星宜出入求財行軍交陣大勝獲財可選吉時出東南巽方生門吉

夏至後陰遁八門九星圖

戊子	天刑 六害
己丑	朱雀 日破
庚寅	金匱 貴人
辛卯	天德
壬辰	白虎 路空
癸巳	玉堂 驛馬 路空
甲午	六合 貴人 天牢
乙未	元武
丙申	司命
丁酉	日祿 勾陳 五不遇
戊戌	青龍 旬空
己亥	明堂 驛馬 旬空

此日宜出行求財行軍交戰大勝獲財可選寅時卯時出西北乾方開門大吉

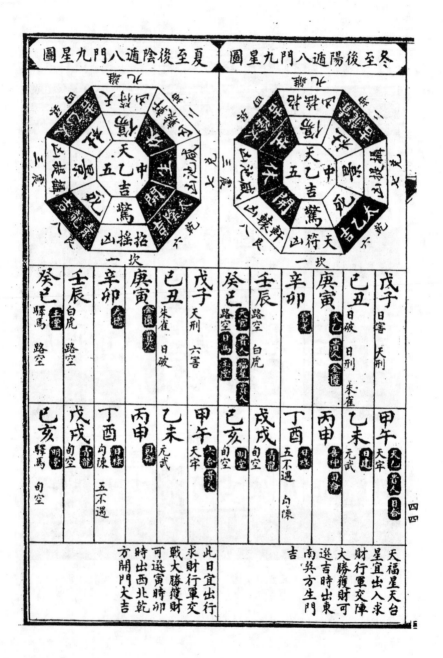

正月辛未土義日
宜祭祀祈福求嗣上册受封上表章襲爵受封會親友出行上官赴任臨政親民結婚姻納采問名嫁娶移徙解除裁衣修造動土竪柱上梁修倉庫捕捉栽種牧養納畜安葬

二月辛未土義日
宜祭祀祈福求嗣會親友冠帶結婚姻納采問名嫁娶進人口裁衣修造動土竪柱上梁修倉庫經絡立券交易納財安碓磑納畜

三月辛未土義日
諸事不宜

四月辛未土義日
宜祭祀

五月辛未土義日
宜祭祀祈福求嗣上册受封上表章襲爵受封會親友出行上官赴任臨政親民結婚姻納采問名嫁娶進人口移徙解除沐浴剃頭整手足甲裁衣修造動土竪柱上梁修倉庫經絡立券交易納財掃舍宇栽種牧養納畜安葬

六月辛未土義日
宜祭祀祈福求嗣襲爵受封會親友出行上官赴任臨政親民結婚姻納采問名移徙解除裁衣竪柱上梁納財開倉庫出貨財牧養

七月辛未土義日
諸事不宜

八月辛未土義日
宜祭祀祈福求嗣上册受封上表章襲爵受封會親友入學出行上官赴任臨政親民嫁娶移徙解除裁衣竪柱上梁牧養納畜

九月辛未土義日
宜祭祀捕捉

十月辛未土義日
宜祭祀祈福會親友入學結婚姻納采問名裁衣築隄防修造動土豎柱上梁修倉庫經絡開市立券交易納財安碓磑納畜

十一月辛未土義日
宜伐木畋獵

十二月辛未土義日
宜祭祀解除破屋壞垣

按辛未為甲命真天官玉堂貴人巳命福星壽星貴人戊庚命同氣旺於秋令
寅命為紫微天嗣　卯命為地財催官續世三合　辰命為天福天田天錢　巳命為福星
文昌生炁益後天富　午命為太陽天喜催官六合　未命為月財　申命為紅鸞　酉命
為福星地財　戌命為天貴天田　亥命為財星天壽天喜富日三合
子丑命忌　又甲申子辰命歲煞日俱忌用
辛未日喜神西南方　貴神西北方　丙與辛合　午與未合　辛生壬水
辛未年歲德在丙　歲德合在辛　歲祿在酉　歲馬在巳　陽貴人在寅　陰貴人在酉
辛剋乙木　乙丑命為天剋地沖　又辛丑命為比沖俱忌用

七月建
月恩 月德 四相 守日 除神 天倉 不將 鳴吠
五離 小時 月建 土府 天牢

六月除
司命 益後 吉期 陽德 除神 相日 不將 鳴吠
天賊 劫煞 五虛 五離

五月滿
月德 相日 驛馬 除神 青龍 天后 天巫 福德 鳴吠
五虛 五離

四月平
相日 六合 五富 續世 除神
五虛 遊禍 天刑 死神 河魁 月刑 血忌 五離

八月閉
四相 王日 天馬 五富 不將 聖心 除神 鳴吠
血支 遊禍 五離 白虎

三月定
天恩 月德 三合 四日 金匱 除神 時陰 敬安 鳴吠
月厭 地火 死炁 往亡 五離 孤神

九月開
王日 四相 月空 驛馬 天后 天儀 時陽 金堂 生氣 除神 金匱 鳴吠
招搖 厭對 五離

二月執
解神 要安 天馬 除神 鳴吠
劫煞 小耗 五離 白虎

納音 劍鋒金

冬至 上元 九紫 中元 六白 下元 三碧
夏至 上元 一白 中元 四綠 下元 七赤

入中宮

十月收
除神 母倉 鳴吠
日害 劫煞 天罡 復日 五離 五刑

十一月成
月德 母倉 三合 天喜 天醫 玉堂 青龍 除神 鳴吠
大煞 九焦 九坎 土符 五離

十二月危
除神 福生 陽德 母倉 五富 司命 鳴吠
遊禍 五離

正月破
天德合 月空 驛馬 天后 普護 除神 解神 鳴吠
五離 月破 大耗 天牢

冬至後陽遁八門九星圖

庚子 青龍	辛丑 天官 貴人 明堂	壬寅 日馬 路空 日破 日刑 天刑	癸卯 天乙 貴人 路空 朱雀	甲辰 福星 貴人 金匱	乙巳 天乙 貴人 日合 寶光
丙午 喜神 白虎	丁未 天官 貴人 玉堂	戊申 五不遇 天牢	己酉 元武	庚戌 司命 旬空	辛亥 日祿 日害 勾陳 旬空

天休天哭大敗不宜出入求財行軍見陣主有哭聲遇急可選吉時出東南巽方生門吉

夏至後陰遁八門九星圖

庚子 青龍	辛丑 明堂	壬寅 日破 天刑 路空 驛馬	癸卯 貴人 朱雀 路空	甲辰 金匱	乙巳 天德 貴人 六合
丙午 白虎	丁未 玉堂	戊申 天牢 五不遇	己酉 元武	庚戌 司命 旬空	辛亥 日祿 勾陳 旬空 六害

此大敗日諸事不宜出行見貴求財可出兑方選巳時吉

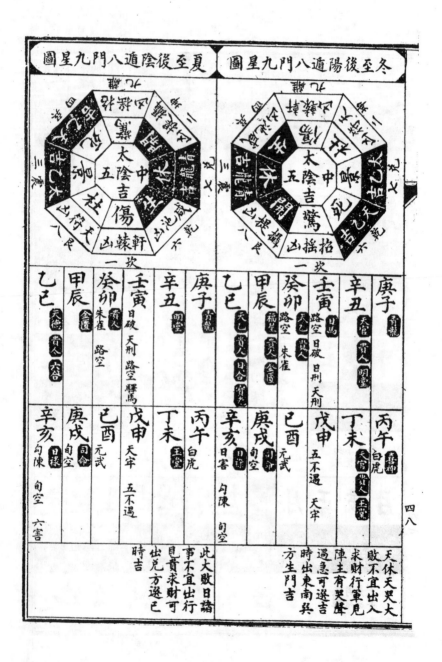

正月壬申　金義日
宜祭祀解除沐浴求醫療病掃舍宇破屋壞垣

二月壬申　金義日
宜沐浴掃舍宇捕捉

三月壬申　金義日
宜祭祀沐浴掃舍宇

四月壬申　金義日
宜祭祀沐浴掃舍宇平治道塗

五月壬申　金義日
宜祭祀祈福上冊受封上表章出行進人口移徙解除沐浴剃頭整手足甲裁衣經絡開市納財補垣塞穴掃舍宇破土安葬

六月壬申　金義日
宜祭祀沐浴掃舍宇

七月壬申　金義日
宜祭祀祈福求嗣上冊受封上表章襲爵受封會親友出行上官赴任臨政親民結婚姻納采問名嫁娶進人口移徙解除沐浴剃頭整手足甲求醫療病裁衣豎柱上梁納財開倉庫出貨財掃舍宇牧養納畜安葬

八月壬申　金義日
宜祭祀沐浴剃頭整手足甲裁衣築隄防修倉庫經絡醞釀納財補垣塞穴掃舍宇栽種牧養納畜破土安葬

九月壬申　金義日
宜祭祀祈福求嗣上冊受封上表章襲爵受封入學出行上官赴任臨政親民移徙解除沐浴剃頭整手足甲求醫療病裁衣修造動土豎柱上梁開市納財開倉庫出貨財修置產室安碓磑掃舍宇栽種牧養

十月壬申金義日

宜沐浴掃舍宇伐木捕捉畋獵

十一月壬申金義日

宜祭祀祈福求嗣上册受封上表章襲爵受封會親友入學出行上官赴任臨政親民結婚姻納采問名嫁娶進人口移徙解除沐浴剃頭整手足甲求醫療病裁衣豎柱上梁經絡醞釀開市立券交易納財掃舍宇伐木牧養納畜安葬

十二月壬申金義日

宜祭祀沐浴剃頭整手足甲經絡醞釀開市納財開倉庫出貨財掃舍宇伐木畋獵栽種牧養納畜破土安葬

按壬申為巳命真玉堂貴人乙庚命同取旺於冬令

子命為升天太陽六合天喜富日　丑命為富星天印天寶　卯命為紫微　辰命為升天太陽天財六合　巳命為天福天田催官續世　午命為福星月財文昌天富驛馬　未命為太陽天喜益後紅鸞催官天寶　申命為天壽金匱　酉命平　戌命為福星天財生炁驛馬

寅亥命忌　又巳亥卯未命劫煞日俱忌用

壬申日喜神正南方　貴神東南方　丁與壬合　巳與申合　壬生乙木

壬申年歲德在壬　歲德合在丁　歲祿在亥　歲馬在寅　陽貴人在卯　陰貴人在巳

壬剋丙火　丙寅命為天剋地冲　又壬寅命為比冲俱忌用

此金要火成器得水為足木逢即折（壬申癸酉同敘）

七除月

天德 官日 陰德 四相 吉期 不將 除神 鳴吠

大敗 大時 咸池 九坎 九焦 往亡 五離 元武

六滿月

民日 天巫 月德 福德 除神 不將 續世 鳴吠

勾陳 天火 災煞 血忌 五離

五平月

敬安 不將 民日 除神 明堂 鳴吠

天吏 死神 天罡 致死 天賊 五離

四定月

三合 時陰 民日 要安 除神 鳴吠

五離 死炁 朱雀

八建月

月恩 四相 官日 天儀 玉堂 益後 除神 鳴吠

厭對 土府 小時 月建 月刑 招搖 五離

三執月

六合 寶光 普護 除神 鳴吠

小耗 咸池 大敗 大時 五虛 土府 五離

納音 劍鋒金

冬至 上元一白 中元七赤 下元四綠

夏至 上元九紫 中元三碧 下元六白

入中宮

九閉月

陰德 官日 四相 寶光 鳴吠

血支 天吏 月害 致死 五離

二破月

除神 玉宇 玉堂 鳴吠

月破 大耗 災煞 月厭 地火 五離 五虛

十開月

聖心 生氣 母倉 時陽 除神 鳴吠

五離 災煞 天火 朱雀

十一收月

金堂 明堂 母倉

大敗 大時 河魁 咸池 復日 五離

十二成月

臨日 三合 天醫 母倉 天喜 除神 鳴吠

地囊 大煞 五離 勾陳

正危月

福生 除神 陰德 鳴吠

五離 致死 天吏 五虛 元武

冬至後陽遁八門九星圖

壬子	癸丑	甲寅	乙卯	丙辰	丁巳
日祿 司命 路空	路空 勾陳	青龍	天乙貴人 福星 貴人 日破 明堂	天刑 喜神 天官貴人 日合	朱雀 天乙貴人
戊午	己未	庚申	辛酉	壬戌	癸亥
金匱	寶光 五不遇	日建 白虎	天官貴人 日刑	日馬 路空 日害 天牢 旬空	路空 元武 旬空

天火血及六神不宜出行求財行軍出戰主有蛇虎傷亡虛驚遇急可選吉時出東南巽方休門吉

夏至後陰遁八門九星圖

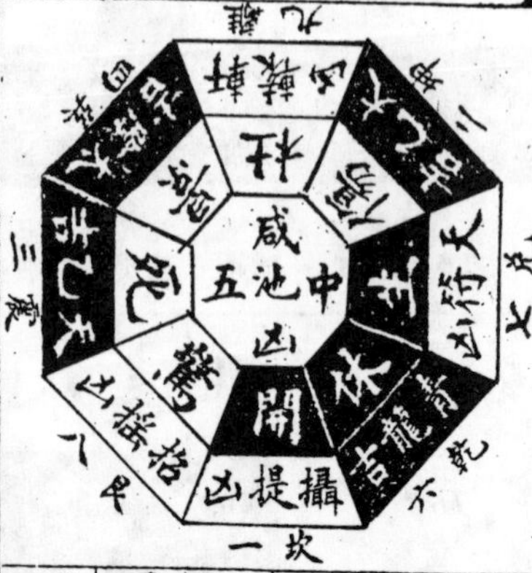

壬子	癸丑	甲寅	乙卯	丙辰	丁巳
司命 日祿 路空	勾陳 路空	青龍	日破	六合 天刑	朱雀
戊午	己未	庚申	辛酉	壬戌	癸亥
金匱	天德 五不遇	白虎	玉堂	旬空 天牢 路空 六害	驛馬 元武 旬空 路空

此日宜出行求財不宜出巽安營主有虛驚如有急事選寅時或午時出休門向西北方求財大利

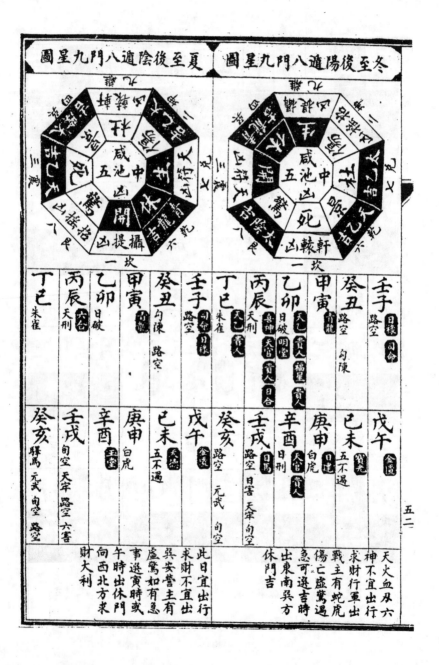

正月癸酉金義日
宜祭祀沐浴剃頭整手足甲掃舍宇取魚破土安葬

二月癸酉金義日
諸事不宜

三月癸酉金義日
宜祭祀祈福結婚姻嫁娶進人口解除沐浴剃頭整手足甲求醫療病經絡醞釀掃舍宇捕捉取魚納畜安葬

四月癸酉金義日
宜襲爵受封冠帶出行上官赴任臨政親民結婚姻納采問名嫁娶進人口移徙沐浴剃頭整手足甲裁衣修造動土豎柱上梁修倉庫經絡醞釀開市立券交易納財安碓磑掃舍宇牧養納畜破土安葬

五月癸酉金義日
宜沐浴剃頭整手足甲掃舍宇修飾垣墻平治道塗

六月癸酉金義日
宜祭祀沐浴掃舍宇

七月癸酉金義日
宜祭祀祈福求嗣結婚姻納采問名解除沐浴剃頭整手足甲裁衣修造動土豎柱上梁修倉庫納財開倉庫出貨財掃舍宇牧養納畜破土安葬

八月癸酉金義日
宜祭祀沐浴掃舍宇

九月癸酉金義日
宜祭祀沐浴剃頭整手足甲裁衣補垣塞穴掃舍宇

十月癸酉金義日
宜祭祀入學沐浴掃舍宇

十一月癸酉金義日
宜沐浴剃頭整手足甲掃舍宇捕捉畋獵

十二月癸酉金義日
宜上册受封上表章襲爵受封入學出行上官赴任臨政親民結婚姻納采問名嫁娶進人口移徙解除沐浴剃頭整手足甲求醫療病裁衣豎柱上梁經絡醞釀開市立券交易納財掃舍宇牧養納畜安葬

按癸酉為甲命真催官巳命文昌天官祿壽貴人丙丁辛命同取旺於秋令
子命為天貴財星天壽　丑命為金匱天錢紅鸞天喜三合富日　寅命為富星天印　辰命為紫微地財六合　巳命為月財天嗣三合　午命為財星天福天田紅鸞　未命為太陰文昌催官生氣續世天富　申命為太陽天喜催官　亥命為福星
卯酉戌命忌　又巳亥卯未命災煞日俱忌用
癸酉日喜神東南方　貴神正北方　戊與癸合　辰與酉合　癸生甲木
癸酉年歲德在戊　歲德合在癸　歲祿在子　歲馬在亥　陽貴人在巳　陰貴人在卯
癸尅丁火　丁卯命為天尅地冲　癸卯命為比冲俱忌用

甲戌日

七月 滿
母倉 陽德 守日 司命 天巫 福德 天儀 敬安
天狗 厭對 招搖 九空

六月 平
要安 不將 天德 月德 青龍
月煞 死神 河魁 月虛 土符

五月 定
驛日 時陽 三合 不將 天倉 青龍
死炁 天刑

四月 執
解神 不將 月空 玉宇 金匱
小耗 天賊

三月 破
福生 天馬 不將 解神
九空 四擊 大耗 月破 九坎 九焦 白虎

八月 除
守日 母倉 日空 吉期 續世
血忌 月害 天牢

納音
山頭火

冬至
上元二黑
中元八白
下元五黃

夏至
上元八白
中元二黑
下元五黃

入中宮

二月 危
六合 月德 天願 金堂
四擊 月煞 月虛 天牢

九月 建
守日 母倉 天馬
土府 小時 月建 白虎 陰位

正月 成
天喜 三合 陽德 天醫 司命
大會 大煞 月厭 四擊 地火 復日

十二月 收
四相 月空 聖心 青龍
月刑 天罡 五虛 八風

十一月 開
四相 月恩 時陽 生氣
九空 八風 五虛 往亡 天刑

十月 閉
四相 月德 益後 金匱
血支 月虛 月煞 五虛 八風

冬至後陽遁八門九星圖

甲子 天牢	乙丑 天乙貴人 元武	丙寅 日祿貴人 福星貴人 司命	丁卯 日合 勾陳	戊辰 青龍 日破	己巳 明堂
庚午 五不遇	辛未 天乙貴人 日刑 朱雀	壬申 日馬 金匱 路空 旬空	癸酉 天官貴人 寶光 路空 日害 旬空	甲戌 日建 白虎	乙亥 玉堂

顯星黃道月合宜出入求財出軍見陣大勝獲功可選吉時出正南離方生門大吉

夏至後陰遁八門九星圖

甲子 天乙貴人 天牢	乙丑 元武	丙寅 司命 日祿	丁卯 六合 勾陳	戊辰 青龍 日破	己巳 明堂
庚午 天刑 五不遇	辛未 朱雀	壬申 驛馬 旬空 路空	癸酉 路空 旬空 六害	甲戌 白虎	乙亥

此日地網貴人不居之地宜出行求財行軍上陣大獲全勝可選寅時巳時出正北生門大吉 入學用巳時 不宜上官

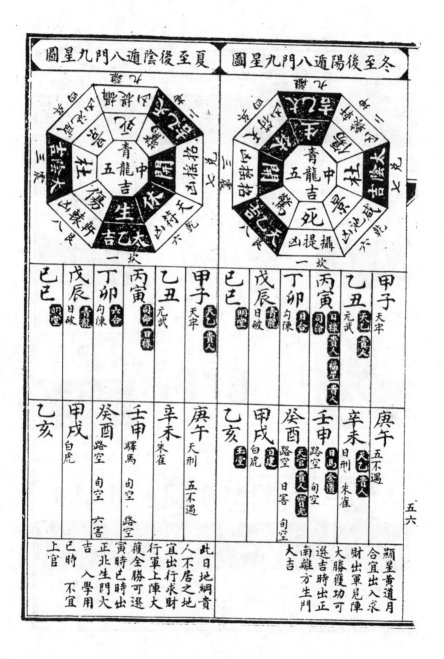

正月甲戌火制日	諸事不宜
二月甲戌火制日	宜祭祀祈福求嗣上册受封上表章襲爵受封會親友出行上官赴任臨政親民結婚姻納采問名嫁娶進人口移徙安床解除裁衣修造動土竪柱上梁修倉庫經絡醞釀開市立券交易納財栽種牧養納畜安葬
三月甲戌火制日	宜祭祀解除沐浴求醫療病破屋壞垣
四月甲戌火制日	宜上表章嫁娶解除沐浴剃頭整手足甲求醫療病捕捉
五月甲戌火制日	宜祭祀祈福上册受封上表章會親友冠帶上官赴任臨政親民結婚姻納采問名嫁娶進人口裁衣修造動土竪柱上梁修倉庫經絡醞釀立券交易納財安碓磑納畜
六月甲戌火制日	宜祭祀
七月甲戌火制日	宜上册受封上表章會親友裁衣經絡補垣塞穴栽種牧養納畜
八月甲戌火制日	宜祭祀襲爵受封出行上官赴任臨政親民解除沐浴剃頭整手足甲掃舍宇栽種

九月甲戌火制日　諸事不宜

十月甲戌火制日　宜祭祀

十一月甲戌火制日　宜祭祀祈福求嗣會親友入學結婚姻納采問名解除裁衣修造動土豎柱上梁修置産室開渠穿井安碓磑栽種牧養

十二月甲戌火制日　宜祭祀捕捉畋獵

按甲戌乃貴人祿馬不居之地甲命取為真黃甲旺於春令

子命用之為福星天錢生炁　丑命為財星天田天貴　寅命為天喜天寶富日三合　卯命為富星天印金匱六合　巳命為紫微天財紅鸞　午命為天錢天嗣三合　申命為福星文昌天寶天富　戌命為太陰益後　亥命為天財益後

辰未酉命值刑冲破害　又巳亥卯未命歲煞日俱忌用

甲戌日喜神東北方　貴神西北方　甲與巳合　卯與戌合　甲生丁火

甲戌年歲德在甲　歲德合在巳　歲祿在寅　歲馬在申　陽貴人在未　陰貴人在丑

甲剋戊土　戊辰命為天剋地冲　又甲辰命為比冲俱忌用

山頭火不冲不發夏用之木盛慾長冬用易發易衰春秋無氣甲戌乙亥同敘

七月 平
相日 普護
五虛 月害 死神 天罡 遊禍 重日 勾陳

六月 定
時陰 三合 陰德 六儀 王堂 明堂
死氣 厭對 招搖 重日

五月 執
不將 五富 福生
小耗 劫煞 重日 朱雀

四月 破
天倉 天后 驛馬 月德合 不將 金堂 寶光
往亡 月破 大耗 重日

八月 滿
驛馬 相日 月德 天后 天明 福德 要安
大煞 五虛 重日 元武

三月 危
不將 母倉 王堂
四窮 天賊 遊禍 八龍 重日

納音 山頭火
冬至 上元三碧 中元九紫 下元六白
夏至 上元七赤 中元一白 下元四綠
入中宮

九月 除
五富 吉期 相日 敬安 王堂
五虛 劫煞 土符 重日

二月 成
三合 天喜 母倉 臨日 天醫 不將
伏日 八龍 四窮 重日 元武

十月 建
四相 月恩 天德 王日 續世 寶光
九坎 九焦 月府 土府 小時 重日 月建 血忌

十一月 閉
四相 王日
遊禍 重日 朱雀 血支

十二月 開
驛馬四相 王日明堂 陰德 天德合 月德合 天后 時陽 生氣益德
地火 月厭 重日

正月 收
六合 天願 母倉 五富 聖心
四窮 劫煞 河魁 八龍 重日 勾陳

冬至後陽遁八門九星圖

丙子	丁丑	戊寅	己卯	庚辰	辛巳
白虎 天乙 貴人	天乙 貴人 玉堂	日合 天牢	日祿 元武	司命	日馬 五不過 日破 勾陳
壬午	**癸未**	**甲申**	**乙酉**	**丙戌**	**丁亥**
青龍 路空	明堂 路空	天乙 貴人 天官 貴人 日害 天刑 旬空	朱雀 旬空	喜神 金匱	福星 貴人 日建 日刑 寶光

玉堂金星聖星宜出入求財行軍決戰獲勝得財可選吉時出正離方生門吉

夏至後陰遁八門九星圖

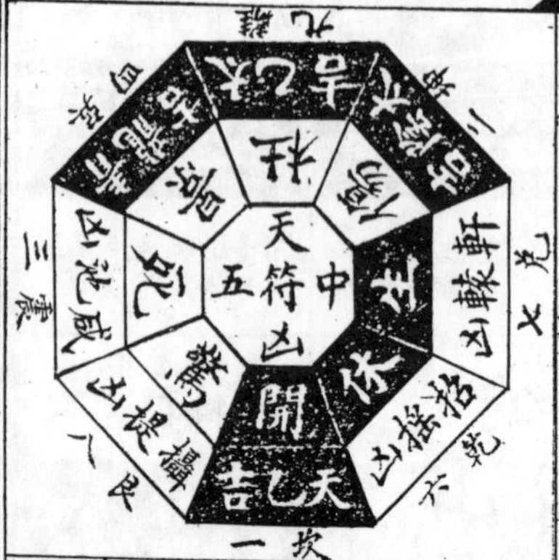

丙子	丁丑	戊寅	己卯	庚辰	辛巳
天乙 貴人 白虎	玉堂	六合 天牢	日祿 元武	司命	日破 勾陳 五不過 驛馬
壬午	**癸未**	**甲申**	**乙酉**	**丙戌**	**丁亥**
青龍 路空	明堂 路空	天乙 貴人 六合 天刑 旬空	朱雀 旬空	金匱	天德 日建

此日乙木雖死於亥究竟水生木四仲月宜上官赴任吉出軍大勝得財出行謀望經營得利用辰時出正北方開門吉入學用辰時

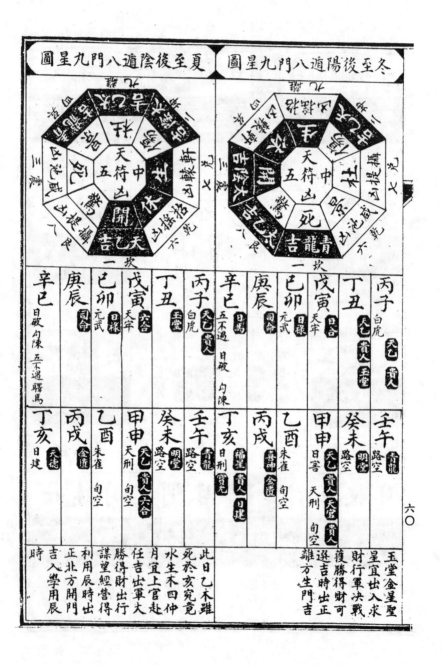

正月乙亥火義日
二月乙亥火義日
三月乙亥火義日
四月乙亥火義日
五月乙亥火義日
六月乙亥火義日
七月乙亥火義日
八月乙亥火義日

宜祭祀祈福求嗣上册受封上表章襲爵受封會親友出行上官赴任
臨政親民結婚姻納采問名進人口移徙沐浴裁衣修造動土豎柱
上梁修倉庫經絡醞釀開市立券交易納財開倉庫出貨財捕捉取
魚牧養納畜

二月乙亥義火日
宜上册受封上表章襲爵受封會親友入學出行上官赴任臨政親民
移徙沐浴求醫療病裁衣築隄防修造動土豎柱上梁經絡醞釀安
碓磑牧養納畜

宜安床沐浴取魚牧養納畜

宜祭祀解除沐浴破屋壞垣

宜祭祀沐浴捕捉

宜會親友冠帶臨政親民結婚姻納采問名進人口沐浴裁衣修造動
土豎柱上梁修倉庫經絡醞釀立券交易納財安碓磑牧養納畜

宜祭祀沐浴修飾垣墻平治道塗

八月乙亥義火日
宜祭祀祈福求嗣上册受封上表章襲爵受封會親友出行上官赴任
臨政親民結婚姻納采問名進人口移徙解除沐浴求醫療病裁衣
修造動土豎柱上梁修倉庫經絡開市立券交易納財開倉庫出貨
財補垣塞穴牧養納畜

九月乙亥火義日

十月乙亥火義日

十一月乙亥火義日

十二月乙亥火義日

宜沐浴掃舍宇

宜祭祀沐浴

宜祭祀沐浴裁衣築隄防納財補垣塞穴牧養

宜祭祀祈福求嗣上冊受封上表章會親友入學解除沐浴裁衣修造動土豎柱上梁修倉庫開市納財開倉庫出貨財修置產室開渠穿井安碓磑牧養納畜

按乙亥為巳命真天財催官丙丁壬命同取旺於春令

子命平　丑命為福星天壽益後驛馬　寅命為天貴天田六合　卯命為太陰月財升天

太陽天喜富日金匱三合　辰命為富星天嗣天印紅鸞　午命為紫微　未命為三合

酉命為福星文昌生炁天富驛馬　戌命為太陽天喜催官

巳申亥命值刑冲破害　又甲寅午戌命劫煞日俱忌用

乙亥日喜神西北方　貴神西北方　乙與庚合　寅與亥合　乙生丙火

乙亥年歲德在庚　歲德合在乙　歲祿在卯　歲馬在巳　陽貴人在申　陰貴人在子

乙剋己土　己巳命為天剋地冲　又乙巳命為比冲俱忌用

正月 開
月德 月恩 母倉 四相 生氣 時德 不將 鳴吠對
天火 災煞 觸水龍

二月 收
母倉 四相 陽德 不將 司命 鳴吠
大時 大敗 月刑 天罡 咸池 天賊 觸水龍

三月 成
月空 母倉 聖心 天倉 不將 天喜 天醫 守日 四相 鳴吠對
歸忌 觸水龍 天牢

四月 危
天德合 天馬 不將 鳴吠對
天吏 致死 四忌 七鳥 五虛 復日 白虎 觸水龍

五月 破
解神 六儀 月德 金匱 鳴吠對
月破 大耗 災煞 天火 厭對 招搖 四忌 觸水龍 七鳥 五虛

六月 執
金堂 解神 鳴吠對
月害 大時 大敗 咸池 小耗 四忌 七鳥 觸水龍 五虛 九坎 九焦 歸忌 天刑

七月 定
月空 時德 民日 三合 福生 臨日 時陰 青龍 鳴吠
死炁 觸水龍

八月 平
時德 陽德 民日 玉宇 司命 鳴吠對
河魁 死神 天吏 致死 往亡 觸水龍

九月 滿
天德 月德 時德 福德 民日 天巫 普護 鳴吠對
災煞 天火 大煞 歸忌 天牢 觸水龍

十月 除
官日 天馬 吉期 要安 鳴吠對
大時 大敗 咸池 白虎 觸水龍

十一月 建
月空 官日 敬安 金匱 鳴吠對
月建 小時 土府 月厭 地火 觸水龍

十二月 閉
不官 六合 官日 續世 鳴吠對
天吏 致死 血支 土符 歸忌 血忌 天刑 觸水龍

納音 澗下水

冬至 上元四綠 中元一白 下元七赤

夏至 上元六白 中元九紫 下元三碧

入中宮

冬至後陽遁八門九星圖

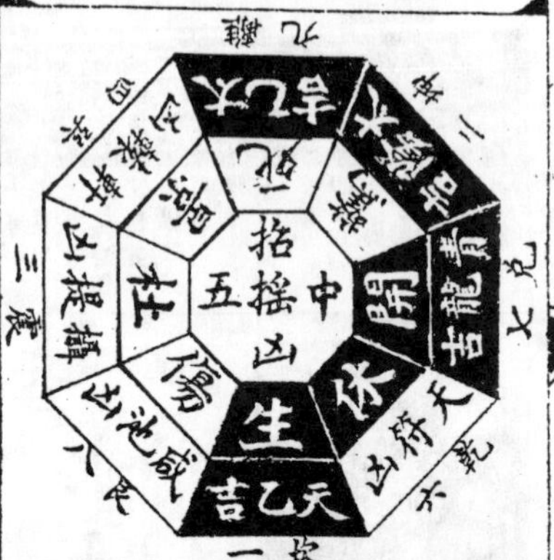

夏至後陰遁八門九星圖

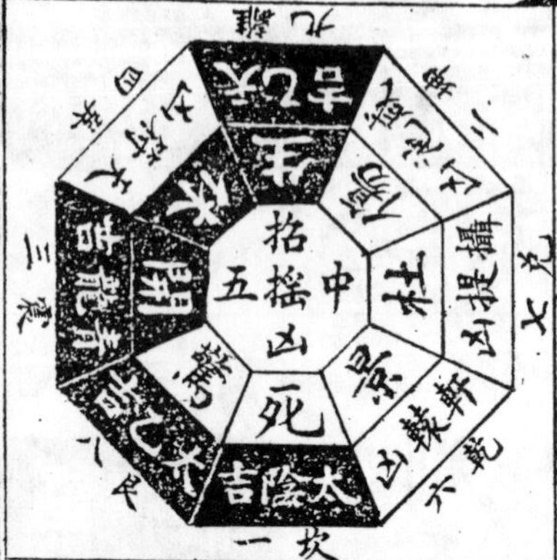

冬至後

戊子 天官貴人 福星貴人 日建 金匱	己丑 日合 寶光	庚寅 白虎 日馬	辛卯 日刑 玉堂	壬辰 五不遇 路空 天牢	癸巳 日祿 路空 元武
甲午 司命 日破	乙未 日害 勾陳	丙申 喜神 旬空 青龍	丁酉 旬空 天乙貴人 明堂	戊戌 天刑 福星貴人	己亥 朱雀 天乙貴人

日空受死傷亡伐日不宜出入求財行軍見陣大凶主去無回遇急逃吉時出正北坎方生門吉

夏至後

戊子 金匱	己丑 天德 六合	庚寅 白虎 驛馬	辛卯 玉堂	壬辰 五不遇 路空	癸巳 日祿 元武 路空
甲午 司命 日破	乙未 勾陳 六害	丙申 旬空 青龍	丁酉 旬空 明堂 貴人	戊戌 天刑	己亥 貴人 朱雀

此日伐木主凶不利行軍見陣如急事欲出兵排陣出正南生門用丑時全勝西歸 如謁貴求財主上人見喜經營得利用丑時出東方開門

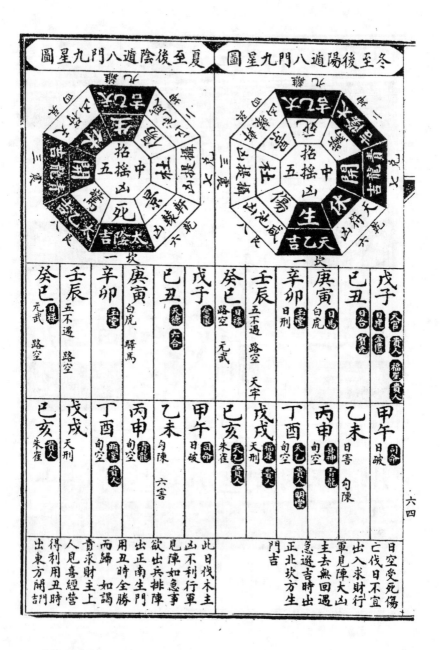

正月丙子水伐日

宜祭祀祈福求嗣上册受封上表章襲爵受封會親友入學出行上官赴任臨政親民結婚姻納采問名嫁娶移徙解除沐浴裁衣修造動土豎柱上梁修倉庫開市納財開倉庫出貨財修置產室開渠穿井安碓磑栽種牧養納畜

二月丙子水伐日

諸事不宜

三月丙子水伐日

宜祭祀祈福求嗣上表章襲爵受封會親友入學出行上官赴任臨政親民結婚姻納采問名嫁娶進人口解除沐浴求醫療病裁衣築隄防修造動土豎柱上梁修倉庫經絡醞釀開市立券交易納財開倉庫出貨財安碓磑栽種牧養納畜破土啟攢

四月丙子水伐日

宜祭祀祈福求嗣上册受封上表章襲爵受封會親友出行上官赴任臨政親民移徙安床解除沐浴裁衣修造動土豎柱上梁修倉庫栽種牧養

五月丙子水伐日

宜祭祀沐浴

六月丙子水伐日

宜沐浴剃頭整手足甲捕捉

七月丙子水伐日

宜祭祀祈福求嗣上册受封上表章襲爵受封會親友冠帶出行上官赴任臨政親民結婚姻納采問名嫁娶進人口移徙沐浴裁衣修造動土豎柱上梁修倉庫經絡醞釀開市立券交易納財開倉庫出貨財安碓磑牧養納畜破土啟攢

八月丙子水伐日

宜祭祀

九月丙子水伐日

宜祭祀祈福求嗣上冊受封上表章襲爵受封會親友出行上官赴任
臨政親民結婚姻納采問名嫁娶進人口解除沐浴裁衣修造動土
豎柱上梁修倉庫經絡開市立券交易納財開倉庫出貨財補垣塞
穴栽種牧養納畜破土安葬啟攢

十月丙子水伐日

宜襲爵受封出行上官赴任臨政親民移徙解除沐浴剃頭整手足甲
求醫療病掃舍宇破土啟攢

十一月丙子水伐日

諸事不宜

十二月丙子水伐日

宜祭祀沐浴經絡醞釀安葬啟攢

按丙子為乙命真文曲壽星天嗣貴人巳癸命同取旺於夏令
子命為天財催官金匱　丑命為續世六合　寅命為太陰月財天錢三天太陽生炁益後
辰命為金匱富日天喜三合　巳命為富星天印　申命為金匱天錢三合　酉命為天
寶天福天田　戌命為金匱天富天嗣文昌　亥命為太陽天喜催官
卯午未命值刑沖破害　又甲寅午戌命哭煞日俱忌用
丙子日喜神西南方　貴神西北方　丙與辛合　子與丑合　丙生巳土
丙子年歲德在丙　歲德合在辛　歲祿在巳　歲馬在寅　陽貴人在酉、陰貴人在亥
丙尅寅金　庚午命為天尅地沖　又丙午命為比沖俱忌用
澗下水加土不流金多暢勢見木自茂亦主文章見火穀熟有盈餘丁丑丙子同叙

丁丑日

七月　執
母倉　月德合　明堂
小耗　歸忌

六月　破
無
月破　大耗　月刑　四擊　九空　朱雀

五月　危
陰德　聖心　寶光
月煞　月虛　月害　四擊　復日

四月　成
天喜　三合　臨日　天醫　玉堂　天儀
厭對　招搖　四擊　歸忌

八月　定
母倉　三合　時陰　金堂
死氣　勾陳

三月　收
天德　四相　不將　益後　月德合
河魁　五虛　八風　元武

納音　澗下水

冬至　上元五黃　中元二黑　下元八白
夏至　上元五黃　中元八白　下元二黑
入中宮

九月　平
母倉　福生
月厭　九空　大煞　歸忌　元武

二月　開
四相　日恩　時陽　生氣　天倉　不將　敬安
五虛　八風　九空　九坎　九焦

十月　滿
守日　天巫　福德　玉宇　玉堂
月厭　地火　九空　大煞　歸忌　孫神

十一月　除
月德合　陰德　守日　吉期　六合　不將　普護　寶光

十二月　建
不將　官日　要安
月建　小時　土府　往亡　朱雀

正月　閉
不將　四相　天德　續世　明堂
月煞　月虛　血支　天賊　歸忌　血忌　五虛　八風
土

冬至後陽遁八門九星圖

	上	下
庚子	日合 天刑	丙午 日祿 喜神 日害 天牢
辛丑	日建 朱雀	丁未 日破 元武
壬寅	金匱 路空	戊申 司命 旬空
癸卯	寶光 五不遇 勾陳	己酉 天乙 貴人 福星 貴人 勾陳 旬空
甲辰	白虎	庚戌 青龍 日刑
乙巳	玉堂	辛亥 天乙 貴人 天官 貴人 日祿 明堂

天上大空亡文曲星生焉六合不宜行軍見陣大空可遁吉時出正北艮方生門吉

夏至後陰遁八門九星圖

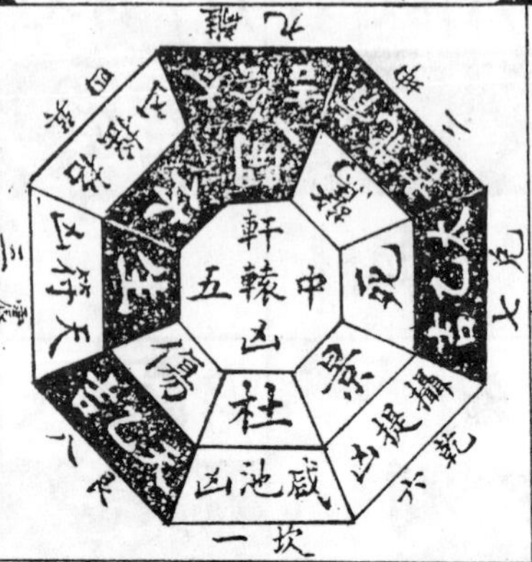

	上	下
庚子	六合 六刑	丙午 日祿 天牢 六害
辛丑	朱雀	丁未 元武 日破
壬寅	金匱 路空	戊申 司命 旬空
癸卯	天德 路空 五不遇	己酉 貴人 勾陳 旬空
甲辰	白虎	庚戌 青龍
乙巳	玉堂	辛亥 明堂 貴人 驛馬

此日宜行軍見陣出入求財可向正南鬪門出去六七步轉往所用去大吉

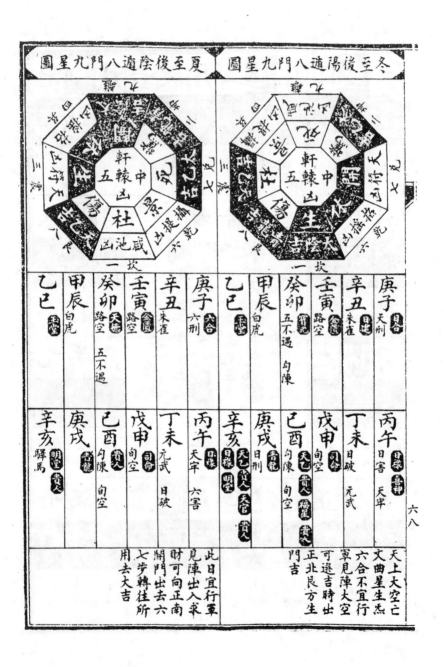

正月丁丑水日 寶

宜祭祀

二月丁丑水日 寶

宜祭祀祈福求嗣上冊受封上表章襲爵受封會親友入學出行上官赴任臨政親民結婚姻納采問名嫁娶移徙解除求醫療病裁衣修造動土豎柱上梁修置產室開渠穿井安碓磑牧養納畜

三月丁丑水日 寶

宜祭祀祈福求嗣上冊受封上表章襲爵受封會親友出行上官赴任臨政親民結婚姻納采問名嫁娶進人口移徙解除裁衣修造動土豎柱上梁修倉庫納財開倉庫出貨財捕捉栽種牧養納畜安葬

四月丁丑水日 寶

宜上冊受封上表章襲爵受封會親友入學出行上官赴任臨政親民結婚姻納采問名進人口求醫療病裁衣築隄防修造動土豎柱上梁修倉庫經絡醞釀開市立券交易納財安碓磑納畜

五月丁丑水日 寶

宜祭祀

六月丁丑水日 寶

諸事不宜

七月丁丑水日 寶

宜祭祀祈福求嗣上冊受封上表章襲爵受封會親友出行上官赴任臨政親民結婚姻納采問名嫁娶解除求醫療病裁衣修造動土豎柱上梁修倉庫納財捕捉栽種牧養納畜安葬

八月丁丑水日 寶

宜會親友結婚姻納采問名嫁娶進人口裁衣修造動土豎柱上梁修倉庫經絡醞釀立券交易納財安碓磑牧養納畜

九月丁丑 水 寶 日

諸事不宜

十月丁丑 水 寶 日

宜祭祀

十一月丁丑 水 寶 日

宜祭祀祈福求嗣上册受封上表章襲爵受封會親友出行上官赴任臨政親民結婚姻納采問名嫁娶進人口移徙解除沐浴整手足甲求醫療病裁衣修造動土竪柱上梁修倉庫經絡醞釀立券交易納財掃舍宇栽種牧養納畜安葬

十二月丁丑 水 寶 日

諸事不宜

按丁丑為庚命真玉堂貴人甲戌命同取旺於夏令子命用之為太陽天喜地財催官續世六合　丑命為月財太陰　寅命為天壽催官續世紅鸞　卯命為天錢福星　辰命為天貴天田天錢益後　巳命為天喜三合　申命為紫微　酉命為天錢三合　亥命為福星文昌天嗣生炁天富

午未戌命值刑冲破害　又甲寅午戌命歲煞日俱忌用

丁丑日喜神正南方　貴神西北方　丁與壬合　子與丑合　丁生戊土

丁丑年歲德在壬　歲德合在丁　歲祿在午　歲馬在亥　陽貴人在亥　陰貴人在酉

丁剋辛金　辛未命為天剋地冲　又丁未命為比冲俱忌用

七月 破
天德合 驛馬 天后 聖心 解神 五合
月破 大耗 月刑 天刑

六月 危
母倉 四相 五合 五富 金匱
遊禍

五月 成
五合 母倉 月恩 四相 三合 五馬 天喜 天醫 益後
大煞 歸忌 白虎

四月 收
四相 母倉 敬安 五合
天罡 劫煞 土符 月害 天牢

八月 執
解神 五合 青龍
劫煞 小耗 歸忌

三月 開
天赦 陽德 王日 驛馬 天后 時陽 生氣 六儀 續世 五合 司命
厭對 招搖 血忌 復日

納音
城頭土

冬至
上元 六白
中元 三碧
下元 九紫

夏至
上元 四綠
中元 七赤
下元 一白

入中宮

九月 定
陽德 三合 臨日 時陰 五合 司命
月厭 地火 死炁 九坎 九焦 復日 孤辰

二月 閉
天赦 王日 五富 普護 五合 青龍
血支 遊禍 歸忌

十月 平
時德 時日 六合 五富 金堂 五合
河魁 死神 遊禍 五虛 地囊 天牢

十一月 滿
時德 五合 相日 驛馬 天后 天馬 天巫 福德 福生
五虛 歸忌 白虎

十二月 除
時德 相日 吉期 玉宇 五合 金匱
劫煞 天賊 五虛

正月 建
天赦 王日 天倉 要安 五合
月建 小時 土府 往亡 天刑

冬至後陽遁八門九星圖

壬子	癸丑	甲寅	乙卯	丙辰	丁巳
青龍 路空	天乙 貴人 明堂 路空	日建 五不遇 天刑	天官 貴人 朱雀	喜神 金匱	日祿 寶光 日害 日刑

戊午	己未	庚申	辛酉	壬戌	癸亥
白虎	天乙 貴人 日馬	福星 貴人 日馬 日破 天牢 旬空	元武 旬空	司命 路空	日合 路空 勾陳

天瑞月合解星合德金星宜出軍見陣求財見官可選吉時出正北坎方生門吉

夏至後陰遁八門九星圖

壬子	癸丑	甲寅	乙卯	丙辰	丁巳
路空	天乙 貴人 明堂 路空	天刑 五不遇	朱雀	金匱	天德 日祿 六害

戊午	己未	庚申	辛酉	壬戌	癸亥
白虎	天乙 貴人 玉堂	旬空 天牢 驛馬 日破	元武 旬空	司命 路空	六合 勾陳 路空

此雖是伐日戊土長生與寅不利行軍見陣如遇急出門經營求財選巳辰時向正南方生門出大吉

正月戊寅土伐日

宜會親友結婚姻納采問名解除裁衣竪柱上梁立券交易納財牧養納畜安葬

二月戊寅土伐日

宜裁衣築隄防修倉庫經絡醞釀立券交易納財補垣塞穴栽種牧養納畜安葬

三月戊寅土伐日

宜上册受封上表章襲爵受封會親友入學出行上官赴任臨政親民結婚姻納采問名嫁娶移徙解除求醫療病裁衣修造動土竪柱上梁修倉庫開市立券交易修置產室開渠穿井安碓磑栽種牧養納畜

四月戊寅土伐日

宜捕捉

五月戊寅土伐日

宜襲爵受封會親友入學出行上官赴任臨政親民結婚姻納采問名嫁娶進人口解除求醫療病裁衣築隄防修造動土竪柱上梁修倉庫經絡醞釀開市立券交易納財開倉庫出貨財安碓磑栽種牧養納畜

六月戊寅土伐日

宜襲爵受封會親友出行上官赴任臨政親民結婚姻納采問名移徙安床裁衣修造動土竪柱上梁修倉庫經絡醞釀開市立券交易納財開倉庫出貨財栽種牧養納畜

七月戊寅土伐日

宜沐浴

八月戊寅土伐日

宜沐浴捕捉

九月戊寅土伐日
十月戊寅土伐日
十一月戊寅土伐日
十二月戊寅土伐日

諸事不宜

宜襲爵受封會親友出行上官赴任臨政親民結婚姻納采問名嫁娶進人口移徙裁衣豎柱上梁經絡醞釀開市立券交易納財開倉庫出貨財牧養納畜安葬

宜上冊受封上表章會親友出行進人口解除裁衣修造動土豎柱上梁經絡開市立券交易納財補垣塞穴栽種牧養

宜沐浴掃舍宇

按戊寅為庚命真天廚貴人甲辛同取旺於四季子命為福星天貴月財文昌驛馬　丑命為太陽天喜天財催官　寅卯命平　辰命為福星催官生炁續世驛馬　午命為天喜三合　未命為福星天財天印　酉命為紫微　戌命為三合　亥命為天福天田天錢六合金匱天寶

巳申命值刑冲破害　六庚命都天乙巳酉丑命刼煞日俱忌用

戊寅日喜神東南方　貴神正北方　戊與癸合　寅與亥合　戊生金辛

戊寅年歲德在戊　歲德合在癸　歲祿在巳　歲馬在申　陽貴人在丑　陰貴人在未

戊尅壬水　壬申命為天尅地冲　又戊申命為比冲俱忌用

城頭土最能尅水不能尅金夏天田之架重重燒成磚本最宜有用下冲千年木朽一冲即刻破爛春中多凶主生盜賊濕病戊寅己卯同叙

己卯日

七月 危
益後 天恩 五合
天吏 致死 五虛 土符 朱雀

六月 成
天德合 天喜 天恩 母倉 四相 三合 臨日 月德合 天醫 要安 三合 生光
大煞 復日

五月 收
天恩 母倉 四相 續世 五合 玉堂
河魁 大時 大敗 咸池 九坎 九焦 血忌 往亡

四月 開
天恩 母倉 月恩 四相 普護 陰德 時陽 生氣 五合
災煞 天火 地囊 元武

八月 破
天恩 五合 明堂
月破 大耗 災煞 天火 月厭 地火 五虛 陰道衝陽

九月 執
天恩 六合 聖心 五合
大時 大敗 咸池 小耗 五虛 勾陳

十月 定
天恩 陰德 民日 三合 時陰 不將 五合
死氣 元武

十一月 平
天恩 民日 不將 玉堂 五合
天罡 死神 月刑 天吏 致死 天賊

十二月 滿
天恩 寶光 民日 天巫 福德 天倉 不將 金堂 五合
災煞 天火 復日

正月 除
天恩 官日 吉期 不將 玉宇
大時 大敗 咸池 朱雀

二月 建
天恩 官日 六儀 月德 福生 五合 明堂
月建 小時 土府 厭對 招搖 小會

三月 閉
天恩 官日 要安 明堂
月害 天吏 致死 血支 勾陳

納音
城頭土

冬至
上元七赤
中元四綠
下元一白

夏至
上元三碧
中元六白
下元九紫

入中宮

冬至後陽遁八門九星圖

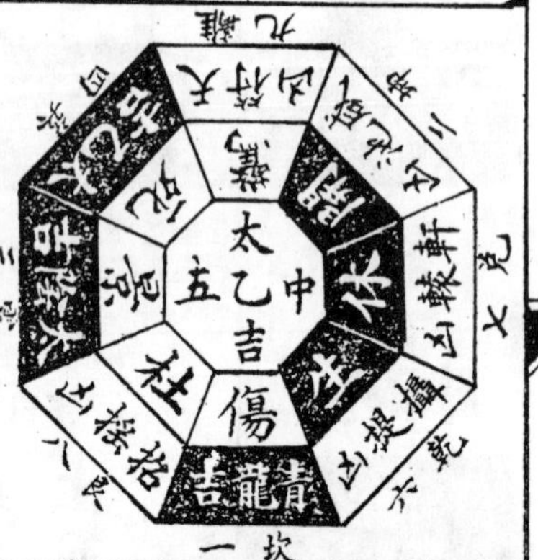

日	註
甲子	日刑 天乙 貴人 司命
乙丑	五不遇 勾陳
丙寅	喜神 天官 貴人 青龍
丁卯	日建 明堂
戊辰	日害 天刑
己巳	日馬 朱雀
庚午	日祿 金匱
辛未	福星 貴人 寶光
壬申	天乙 路空 貴人 白虎 旬空
癸酉	玉堂 路空 旬空
甲戌	六合 天牢
乙亥	五不遇 元武

天瑞天恩章星五明星伐日宜出入求財見官行軍決戰大勝可選吉時出正西兌方休門吉

夏至後陰遁八門九星圖

日	註
甲子	司命 貴人
乙丑	勾陳 五不遇
丙寅	青龍
丁卯	明堂
戊辰	天刑 六害
己巳	朱雀 驛馬
庚午	金匱 日祿
辛未	天德
壬申	貴人 白虎 路空 旬空
癸酉	玉堂 日破 路空 旬空
甲戌	六合 天牢
乙亥	元武 五不遇

此雖伐日有天瑞天恩二星相照宜出行求財商賈興販臨陣決戰大勝可擇卯寅時出正西兌方景門大吉

七六

月	宜忌
正月己卯伐土日	宜襲爵受封會親友出行上官赴任臨政親民結婚姻嫁娶解除沐浴 剃頭整手足甲求醫療病立券交易掃舍宇
二月己卯伐土日	諸事不宜
三月己卯伐土日	宜補垣塞穴
四月己卯伐土日	宜祭祀入學
五月己卯伐土日	宜祭祀求嗣祈福上册受封上表章襲爵受封會親友入學出行上官 赴任臨政親民結婚姻納采問名嫁娶進人口移徙解除求醫療病 裁衣築隄防修造動土豎柱上梁修倉庫經絡醞釀開市立券交易 納財開倉庫出貨財安碓磑栽種牧養納畜
六月己卯伐土日	
七月己卯伐土日	宜祭祀會親友
八月己卯伐土日	諸事不宜

九月己卯土伐日

宜祭祀祈福會親友結婚姻嫁娶進人口經絡醞釀捕捉畋獵納畜安
葬

十月己卯土伐日

宜祭祀祈福求嗣上冊受封上表章襲爵受封會親友冠帶出行上官
赴任臨政親民結婚姻納采問名嫁娶進人口移徙解除裁衣修造
動土豎柱上梁修倉庫經絡醞釀開市立券交易納財安碓磑栽種
牧養納畜安葬

十一月己卯土伐日

諸事不宜

十二月己卯土伐日

宜祭祀

按己卯為乙命眞專祿庚命科甲武曲壬癸命同取旺於四季
丑命為福星地財天錢生炁天富　寅命為太陽天喜催官　卯命為金匱天財　巳命為
福星天壽　午命為天貴天田催官續世　未命為金匱太陰地財升天太陽天喜三合富
日　申命為富星天印益後月財　戌命為紫微六合　亥命為金匱三合
子辰酉命忌　六乙命都天乙巳酉丑命災煞日俱忌用
己卯日喜神東北方　貴神正南方　甲與己合　卯與戌合　巳生庚金
己卯年歲德在甲　歲德合在巳　歲祿在午　歲馬在巳　陽貴人在子　陰貴人在申
己剋癸水　癸酉命為天剋地冲　又己酉命為比冲俱忌用

正月滿
天恩 守日 天巫 福德 六儀 金堂 金匱
厭對 招搖 九空 九坎 九焦

二月除
月空 天恩 守日 吉期
月害 天刑

三月建
天恩 月恩 守日 王日 青龍
月建 小時 土府 月刑 陰位

四月閉
月德 天恩 時德 陽德 福生 司命
月煞 月虛 血支 五虛

五月開
天恩 時德 時陰 生氣 要安
五虛 九空 天牢

六月收
月空 天恩 時德 天馬 普護
天罡 五虛 白虎

七月成
天恩 母倉 三合 天喜 天醫 續世
月厭 地火 四擊 大煞 血忌 復日 大會

八月危
月德 天恩 母倉 天願 六合 敬安
月煞 月虛 四擊 天刑

九月破
天恩 母倉 月恩 不將 益後 解神 青龍
月破 大耗 四擊 九空 往亡

十月執
天恩 陽德 天德合 不將 解神 司命
小耗 天賊 土府

十一月定
天恩 三合 臨日 時陰 聖心 不將 天倉
死氣 天牢

十二月平
天德 月德 天恩 天馬 不將
河魁 死神 月煞 月虛 白虎

納音 白蠟金

冬至 上元八白 中元五黃 下元二黑
夏至 上元二黑 中元五黃 下元八白
入中宮

冬至後陽遁八門九星圖

丙子	五不遇 天牢
丁丑	天乙貴人 元武
戊寅	日馬 司命
己卯	日害 句陳
庚辰	日刑 日建 青龍
辛巳	明堂
壬午	天官貴人 福星貴人 路空 天刑
癸未	天乙貴人 路空 朱雀
甲申	日祿 金匱 句空
乙酉	日合 寶光 句空
丙戌	喜神 五不遇 日破 白虎
丁亥	玉堂

黑道休星月敗日亡不宜出入求財行軍大凶遇急可選吉時出西北乾方生門吉

夏至後陰遁八門九星圖

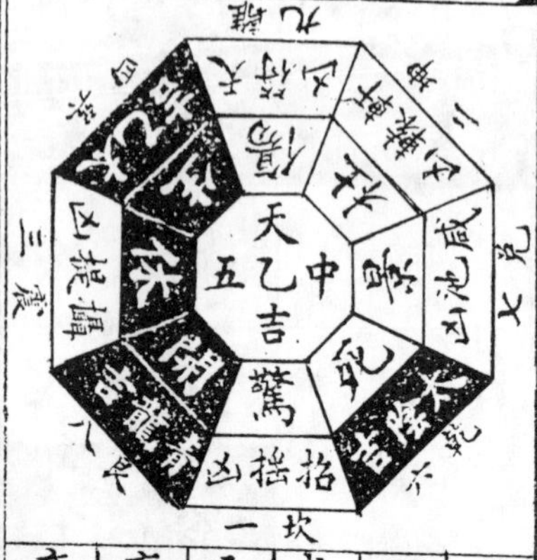

丙子	天牢 五不遇
丁丑	天乙貴人 元武
戊寅	司命 驛馬
己卯	句陳 六害
庚辰	青龍
辛巳	明堂
壬午	天刑 路空
癸未	天乙貴人 朱雀 路空
甲申	金匱 日祿 句空
乙酉	天德 六合 句空
丙戌	五不遇 日破 白虎
丁亥	玉堂

此大敗日不宜出入求財行軍出行俱凶如有緊急之事可選辰時出東南方生門吉或東北方開門亦吉

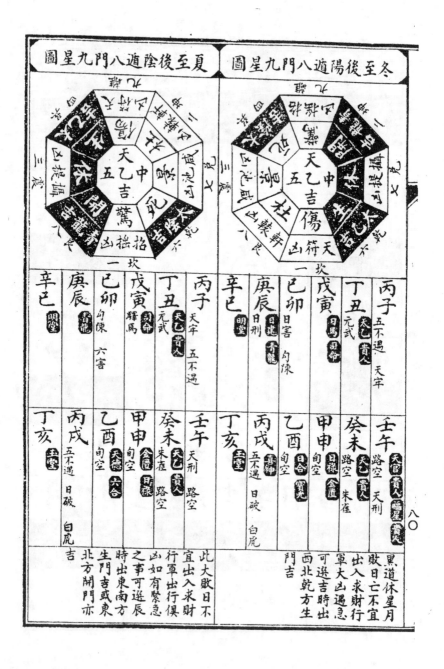

正月庚辰金義日

宜祭祀祈福上册受封上表章會親友裁衣

二月庚辰金義日

宜襲爵受封出行上官赴任臨政親民解除沐浴剃頭整手足甲掃舍宇

三月庚辰金義日

諸事不宜

四月庚辰金義日

宜祭祀

五月庚辰金義日

宜祭祀祈福求嗣上册受封上表章襲爵受封會親友入學出行上官赴任臨政親民結婚姻納采問名移徙解除求醫療病裁衣修造動土豎柱上梁修置產室開渠穿井安碓磑栽種牧養

六月庚辰金義日

宜祭祀進人口納財捕捉栽種牧養納畜

七月庚辰金義日

諸事不宜

八月庚辰金義日

宜祭祀祈福求嗣上册受封上表章襲爵受封會親友出行上官赴任臨政親民結婚姻納采問名嫁娶進人口移徙安床解除裁衣修造動土豎柱上梁修倉庫醞釀開市立券交易納財牧養栽種納畜安葬

九月庚辰金義日

宜祭祀解除沐浴破屋壞垣

十月庚辰金義日

宜祭祀祈福求嗣上册受封上表章襲爵受封會親友上官赴任臨政親民結婚姻納采問名嫁娶解除沐浴剃頭整手足甲求醫療病栽衣豎柱上梁移徙捕捉牧養納畜安葬

十一月庚辰金義日

宜祭祀祈福上册受封上表章會親友冠帶上官赴任臨政親民結婚姻納采問名嫁娶進人口裁衣修造動土豎柱上梁修倉庫醞釀立券交易納財安碓磑納畜

十二月庚辰金義日

宜祭祀平治道塗

按庚辰為乙命真天財夫官貴人旺於秋令

子命為天錢金匱三合　丑命為天福天田升天太陽　寅命為福星天財文昌天富　巳命平　午命為福星天壽天錢生炁金匱　未命為天貴天田　申命為天財催官續世天喜三合富日　酉命為富星天壽天印六合　亥命為紫微紅鸞益後

卯辰戌命值刑沖破害　又乙巳酉丑命歲煞日俱忌用

庚辰日喜神西北方　貴神正北方　乙與庚合　辰與酉合　庚生癸水

庚辰年歲德在庚　歲德合在乙　歲祿在申　歲馬在寅　陽貴人在丑　陰貴人在未

庚尅甲木　甲戌命為天尅地沖　又庚戌命為比沖俱忌用

白蠟金畏火用水木為榮木逢喜慶（庚辰辛巳）同叙

正月 平	天恩 月德合 相日 寶光	天罡 死神 月刑 月害 遊禍 五虛 重日
二月 滿	天恩 相日 驛馬 天后 天巫 福德 聖心	五虛 土符 大煞 往亡 重日 朱雀
三月 除	天恩 陰德 相日 吉期 五富 金堂 明堂	劫煞 五虛 重日
四月 建	天德 天恩 王日	月建 小時 土符 重日 勾陳
五月 閉	月德合 天恩 王日 玉宇	遊禍 血支 重日 元武
六月 開	月恩 天恩 王日 驛馬 玉堂 時陽 生氣 福生	月厭 地火 重日
七月 收	天恩 六合 五富 要安 青龍	河魁 劫煞 重日
八月 成	天恩 三合 臨日 天喜 天醫 不將 普護	復日 朱雀 重日
九月 危	天德合 天恩 明堂 陰德 不將 續世 月德合	遊禍 天賊 血忌 重日
十月 破	天恩 驛馬 天后 天倉 不將 敬安	月破 大耗 重日 勾陳
十一月 執	天恩 五富 不將 益後	劫煞 小耗 重日 元武
十二月 定	天恩 月恩 三合 時陰 六儀 玉堂	厭對 招搖 死氣 九焦 九坎 重日

納音 白蠟金

冬至 上元 八白 中元 九紫 下元 三碧

夏至 上元 一白 中元 四綠 下元 七黑

入中宮

冬至後陽遁八門九星圖

戊子	己丑	庚寅	辛卯	壬辰	癸巳
白虎	玉堂	天乙 貴人 日害 天害	元武	司命 路空	天官 貴人 福星 貴人 路空 句陳 日馬

甲午	乙未	丙申	丁酉	戊戌	己亥
天乙 貴人 青龍	明堂	喜神 日合 日刑 天刑 旬空	日祿 五不遇 朱雀 旬空	金匱	日馬 寶光 日破

大敗天牢天耗死亡伐日不宜出入往來行軍上陣大凶遇急可選吉時出正西兌方休門吉

夏至後陰遁八門九星圖

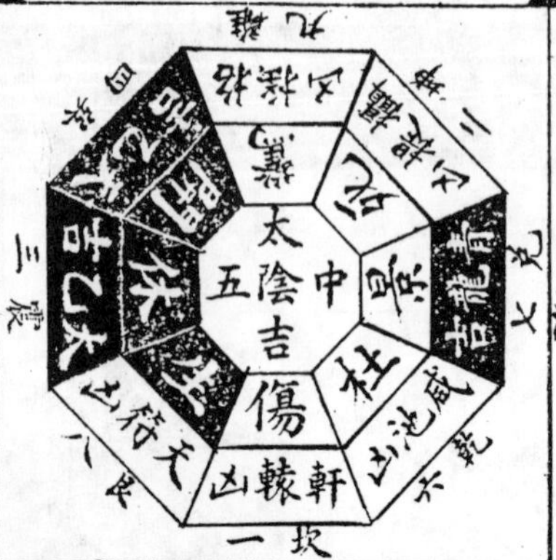

戊子	己丑	庚寅	辛卯	壬辰	癸巳
白虎	玉堂 天牢 六害	貴人	元武	司命	句陳

甲午	乙未	丙申	丁酉	戊戌	己亥
青龍 貴人	明堂	六合 天刑 旬空	日祿 五不遇 旬空 朱雀	金匱	天德 日破 驛馬

此大敗伐日天牢死亡當值不宜出入往來行軍上陣大凶如遇急事選午時出正東方休門或東南開門皆吉

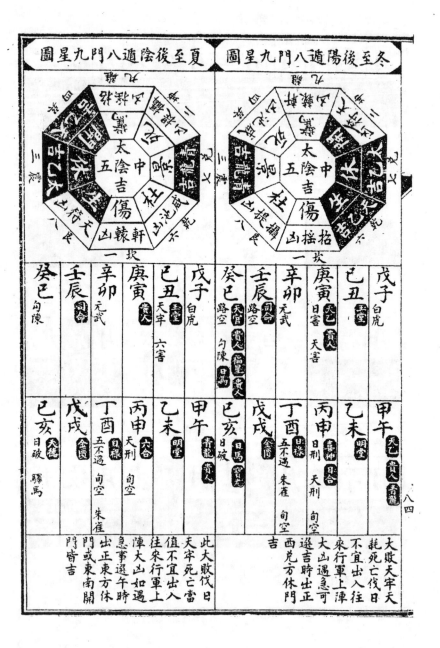

正月辛巳金伐日　宜祭祀平治道塗

二月辛巳金伐日　宜祭祀祈福會親友裁衣經絡開市立券交易納財

三月辛巳金伐日　宜沐浴掃舍宇

四月辛巳金伐日　宜祭祀祈福求嗣上冊受封上表章襲爵受封會親友上官赴任臨政親民結婚姻納采問名嫁娶移徙解除求醫療病裁衣豎柱上樑牧養納畜

五月辛巳金伐日　宜祭祀裁衣築隄防修倉庫補垣塞穴栽種牧養納畜

六月辛巳金伐日　宜祭祀入學

七月辛巳金伐日　宜會親友結婚姻嫁娶進人口經絡開市立券交易納財開倉庫出貨財捕捉栽種牧養納畜

八月辛巳金伐日　宜祭祀祈福上冊受封上表章襲爵受封會親友入學上官赴任臨政親民結婚姻納采問名嫁娶進人口移徙求醫療病裁衣築隄防修造動土豎柱上樑修倉庫經絡開市立券交易納財安碓磑栽種牧養納畜

九月辛巳 金伐日
宜祭祀上冊受封上表章襲爵受封會親友上官赴任臨政親民結婚姻納采問名嫁娶移徙安床裁衣修造動土竪柱上梁栽種牧養納畜

十月辛巳 金伐日
宜求醫療病破屋壞垣

十一月辛巳 金伐日
宜祭祀捕捉畋獵

十二月辛巳 金伐日
宜祭祀祈福求嗣襲爵受封會親友冠帶上官赴任臨政親民結婚姻納采問名進人口移徙裁衣修造動土竪柱上梁修倉庫經絡立券交易納財開倉庫出貨財安碓磑牧養納畜

按辛巳為乙命眞催官天財貴人庚命催官文曲文魁丙戊壬癸命同取旺於秋令
子命為紫微益後　丑命為天嗣六合　卯命為福星太陰文昌生炁天富驛馬　辰命為
太陽天喜天壽催官　巳命為天錢　午命平　未命為福星驛馬　酉命為月財天喜富
日三合　戌命為富星天印催官續世紅鸞
寅申亥命值刑沖破害　又庚申子辰命劫煞日俱忌用
辛巳日喜神西南方　貴神西北方　丙與辛合　巳與申合　辛生壬水
辛巳年歲德在丙　歲德合在辛　歲祿在酉　歲馬在亥　陽貴人在寅　陰貴人在午
辛剋乙木　乙亥命為天剋地沖　又辛亥命為比沖俱忌用

月	建除	吉	凶
七月	開	月德 天恩 月恩 四相 王宇 天馬 時陽 鳴吠 生氣 不將	災煞 天火 白虎
六月	閉	天恩 官日 六合 不將 鳴吠	天吏 致死 往亡 血支 天牢
五月	建	天恩 月空 陽德 官日 金堂 司命 鳴吠	月建 小時 土府 月刑 月厭 地火 土符
四月	除	天恩 官日 吉期 聖心 青龍 鳴吠	大時 大敗 咸池
八月	收	天恩 四相 不將 福生 金匱 鳴吠	天罡 大時 大敗 咸池 天賊 九坎 九焦
三月	滿	天德 月德 天解 時德 民日 天巫 福德 鳴吠	災煞 天火 地囊 大煞 天刑
九月	成	月恩 天恩 四相 不將 三合 要安 天喜 鳴吠 天儀 天倉	天刑
二月	平	天恩 時德 民日 益後 金匱 鳴吠	河魁 致死 天吏 死神
十月	危	天恩 不將 普護 青龍 鳴吠	天吏 致死 五虛 復日
十一月	破	月德 陽德 六儀 續世 解神 司命 鳴吠	月破 大耗 災煞 天火 厭對 招搖 五虛 血忌
十二月	執	天恩 敬安 解神 鳴吠	月害 大時 大敗 咸池 小耗 五虛 天牢
正月	定	天德合 月空 民日 天恩 時德 福德 鳴吠 三合 臨日 天馬	死炁 白虎

納音

楊柳木

冬至

上元一白

中元七赤

下元四綠

夏至

上元九紫

中元三碧

下元六白

入中宮

冬至後陽遁八門九星圖

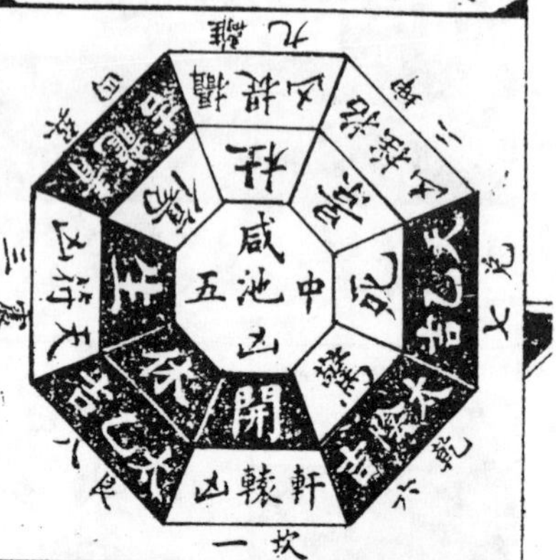

庚子	辛丑	壬寅	癸卯	甲辰	乙巳
金匱 日破	天乙 貴人 寶光 日害	路空 白虎	天乙 貴人 玉堂 路空	福星 貴人 天牢	天乙 貴人 元武
丙午	丁未	戊申	己酉	庚戌	辛亥
月刑 日建	天官 貴人 日合 勾陳	日馬 青龍 五不遇 旬空	明堂 旬空	天刑	日祿 朱雀

天恩福德支神月合宜出入求財行軍決戰大勝可選吉時出東北艮方休門吉

夏至後陰遁八門九星圖

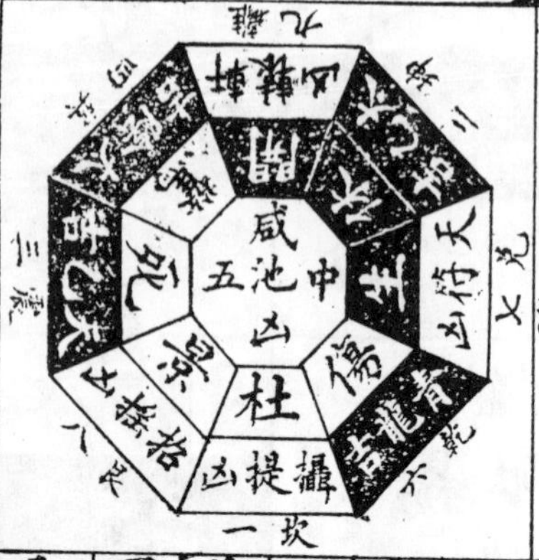

庚子	辛丑	壬寅	癸卯	甲辰	乙巳
金匱 日破	天德 六害	白虎 路空	天乙 貴人 玉堂 路空	天牢	天乙 貴人 元武
丙午	丁未	戊申	己酉	庚戌	辛亥
	六合 勾陳	青龍 五不遇 旬空 驛馬	明堂 旬空	天刑	日祿 朱雀

此日宜出入求財行軍爭戰安營下寨全勝而歸經營得利上官赴任選午時出坤方休門大吉

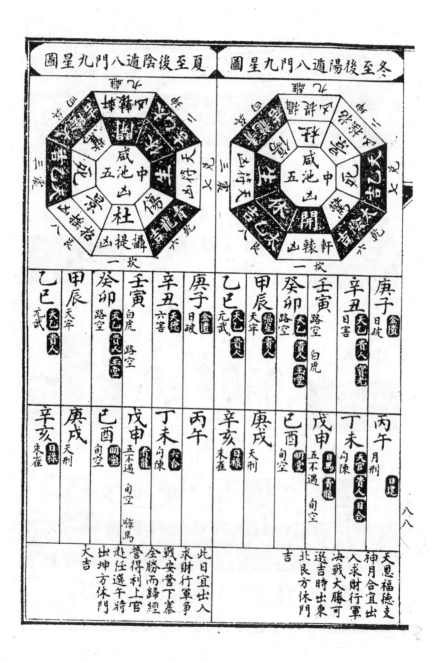

正月壬午 木制日

宜祭祀祈福求嗣上册受封上表章襲爵受封會親友冠帶出行上官赴任臨政親民結婚姻嫁娶進人口納采問名移徙解除裁衣修造動土豎柱上梁修倉庫經絡醞釀開市立券交易納財開倉庫出貨財安碓磑栽種牧養納畜破土安葬

二月壬午 木制日

宜祭祀修飾垣墻平治道塗

三月壬午 木制日

宜祭祀祈福求嗣上册受封上表章襲爵受封會親友出行上官赴任臨政親民結婚姻納采問名嫁娶進人口移徙解除裁衣豎柱上梁經絡開市立券交易納財開倉庫出貨財牧養納畜安葬

四月壬午 木制日

宜祭祀祈福襲爵受封會親友出行上官赴任臨政親民解除沐浴剃頭整手足甲求醫療病掃舍宇破土安葬

五月壬午 木制日

諸事不宜

六月壬午 木制日

宜經絡醞釀補垣塞穴破土安葬

七月壬午 木制日

宜祭祀祈福求嗣上册受封上表章襲爵受封會親友入學出行上官赴任臨政親民結婚姻納采問名嫁娶移徙解除裁衣修造動土豎柱上梁修倉庫開市納財開倉庫出貨財修置產室安碓磑栽種牧養納畜

八月壬午 木制日

宜祭祀捕捉

九月壬午　木制日

宜祭祀祈福求嗣上表章襲爵受封會親友入學出行上官赴任臨政親民結婚姻納采問名嫁娶進人口移徙解除求醫療病裁衣築隄防修造動土豎柱上梁修倉庫經絡醞釀開市立券交易納財開倉庫出貨財安碓磑栽種牧養納畜破土安葬

十月壬午　木制日

宜祭祀會親友裁衣伐木畋獵

十一月壬午　木制日

宜祭祀沐浴

十二月壬午　木制日

宜沐浴剃頭整手足甲伐木捕捉畋獵

按壬午為乙命真壽星文曲辛命福星天嗣貴人丁巳命同取旺於秋令

寅命為金匱太陰財星三合　卯命為天財天福益後　辰命為福星文昌天富　巳命為太陽天喜催官　未命為天壽金匱六合　申命為福星財星天錢生炁　酉命為天貴天財天田紅鸞　戌命為金匱天壽天喜富日三合　亥命為富星天印

子丑午命忌　又庚申子辰命劫煞日俱忌用

壬午日喜神正南方　貴神正南方　丁與壬合　午與未合　壬生乙木

壬午年歲德在壬　歲德合在丁　歲祿在亥　歲馬在申　陽貴人在卯　陰貴人在巳

壬尅丙火　丙子命為天尅地沖　又壬子命為比沖俱忌用

楊柳木春前古長茅爭萬木而先光輝無根遇水亦榮用之春小貴用之夏致富秋主壽冬主丁只長劍鋒燥土

月	建除	吉神	凶神
七月	閉	天德 天恩 母倉 四相 不將 金堂 玉堂	月煞 月虛 血支 天賊 五虛 觸水龍
六月	建	天恩 不將 守日 聖心	月建 小時 土府 元武 觸水龍
五月	除	天恩 守日 吉期 六合 不將	勾陳 觸水龍
四月	滿	天恩 守日 天巫 福德 益後 明堂	地火 大煞 九焦 九空 九坎 孤辰 月厭 觸水龍
三月	平		朱雀 天罡 死神 月煞 月虛 觸水龍
二月	定	天恩 陰德 三合 時陰 續世 寶光	死神 血忌 觸水龍
正月	執	天恩 破要 玉堂	小耗 觸水龍
十二月	破	天恩 普護	月刑 大耗 月破 九空 元武 觸水龍
十一月	危	天恩 要安	月煞 月虛 月害 四擊 復日 勾陳 觸水龍
十月	成	天恩 三合 臨日 天喜 天醫 六儀 福生 明堂	厭對 招搖 四擊 往亡 觸水龍
九月	收	天恩 母倉 四相 不將 玉宇	河魁 月刑 五虛 朱雀 觸水龍
八月	開	天恩 母倉 月德 四相 不將 陰德 金堂 時陽 生氣 天倉	五虛 九空 土符 觸水龍

納音 楊柳木

冬至 上元二黑 中元八白 下元五黃

夏至 上元八白 中元二黑 下元五黃

入中宮

冬至後陽遁八門九星圖

壬子	癸丑	甲寅	乙卯	丙辰	丁巳
日祿 路空 日害 天刑	路空 日破 日刑 朱雀	金匱	天德 貴人 福星 貴人 寶光	喜神 天官 貴人 白虎	天乙 貴人 日馬 玉堂
戊午	**己未**	**庚申**	**辛酉**	**壬戌**	**癸亥**
日合 天牢	日建 五不遇 元武	司命 旬空	天官 貴人 青龍 空 勾陳	明堂 路空	路空

天狗截門八殺大敗伐日不宜出入求財行軍立營寨被賊夜害大凶遇急可遁吉時出正北坎方開門吉

夏至後陰遁八門九星圖

壬子	癸丑	甲寅	乙卯	丙辰	丁巳
日祿 天刑 六害 路空	朱雀 日破 路空	金匱	天德 貴人	白虎	玉堂 貴人 驛馬
戊午	**己未**	**庚申**	**辛酉**	**壬戌**	**癸亥**
六合 天牢	元武 五不遇	司命 旬空	勾陳 旬空	青龍 路空	明堂 路空

此日不利行軍安營恐被賊人夜害宜上官赴任吉入學用巳時吉如遇急事出外可遁巳時出西南坤方休門大吉

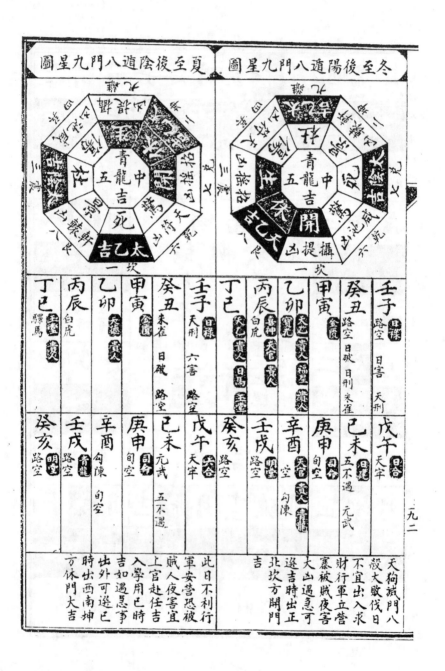

月	宜
正月癸未木伐日	宜會親友捕捉
二月癸未木伐日	宜祭祀祈福求嗣會親友冠帶結婚姻納采問名嫁娶進人口裁衣修造動土豎柱上梁修倉庫經絡醞釀立券交易納財安碓磑納畜
三月癸未木伐日	諸事不宜
四月癸未木伐日	宜祭祀
五月癸未木伐日	宜襲爵受封會親友出行上官赴任臨政親民結婚姻嫁娶進人口解除沐浴剃頭整手足甲經絡醞釀立券交易納財掃舍宇納畜安葬
六月癸未木伐日	宜襲爵受封祭祀會親友上官赴任出行臨政親民嫁娶
七月癸未木伐日	宜祭祀
八月癸未木伐日	宜祭祀祈福求嗣上冊受封上表章襲爵受封會親友入學出行上官赴任臨政親民結婚姻納采問名嫁娶移徙解除裁衣豎柱上梁牧養納畜

九月癸未木伐日

宜祭祀捕捉畋獵

十月癸未木伐日

宜祭祀祈福會親友入學結婚姻納采問名裁衣築隄防修造動土豎柱上梁修造庫經絡醞釀開市立券交易納財安碓磑納畜

十一月癸未木伐日

宜伐木畋獵

十二月癸未木伐日

宜祭祀破屋壞垣

按癸未為庚命真天嗣貴人甲戌命同取旺於冬令

寅命為紫微天嗣　卯命為地財天錢催官續世三合　辰命為天福天田天錢　巳命為福星財星文昌生炁益後天富　午命為太陽天喜催官六合　未命為月財　申命為紅鸞　酉命為福星天財　戌命為天貴天田　亥命為財星天壽天喜富日三合

于丑命值刑冲忌　又庚申子辰命歲煞日俱忌用

癸未日喜神東南方　貴神正東方　戊與癸合　午與未合　癸生甲木

癸未年歲德在戊　歲德合在癸　歲祿在子　歲馬在巳　陽貴人在巳　陰貴人在卯

癸剋丁火　丁丑命為天剋地冲　又癸丑命為比冲俱忌用

甲申日

四月 平	五月 滿	六月 除	七月 建
相日 月空 六合 五富 不將 續世 除神 鳴吠	時日 驛馬 天后 天巫 福德 不將 除神 青龍 鳴吠	天德 月德 陽德 相日 除神 吉期 鳴吠 不將 司命 益後	王日 天倉 不將 除神 鳴吠
河魁 死神 月刑 遊禍 五虛 八風 血忌 天刑 五虛	五虛 八風 五離	劫煞 天賊 五虛 八風 五離	月建 劫煞 月害 五離 天刑

三月 定	八月 閉
三合 時日 時陰 敬安 除神 金匱 鳴吠	王日 天馬 五富 不將 聖心 除神 鳴吠
死炁 月厭 地火 往亡 五離 行狠	遊禍 血支 五離 白虎

納音 井泉水

冬至 上元三碧 中元九紫 下元六白

夏至 上元七赤 中元一白 下元四綠

入中宮

二月 執	九月 開
月德 天馬 要安 解神 除神 鳴吠	王日 驛馬 天后 時陽 除神 生氣 金匱 六儀 金堂 鳴吠
劫煞 小耗 五離 白虎	厭封 招搖 五離

正月 破	十二月 危	十一月 成	十月 收
驛馬 天后 普護 解神 除神 鳴吠	月空 母倉 四相 陽德 除神 司命 五富 臨生 鳴吠	母倉 月恩 四相 三合 除神 天喜 青龍 天醫 玉宇 鳴吠	母倉 四相 除神 鳴吠
復日 大耗 月破 五離 天牢	遊禍 五離	九坎 九焦 土符 大煞 五離	天罡 劫煞 月害 五離 天刑

冬至後陽遁八門九星圖

甲子 青龍	乙丑 天乙 貴人 明堂	丙寅 日祿 喜神 福星 貴人 日馬 日破 日刑 天刑	丁卯 朱雀	戊辰 金匱	己巳 日合 寶光
庚午 五不遇 白虎 旬空 天乙 貴人 玉堂	辛未 旬空	壬申 日建 路空 天牢	癸酉 天官 貴人 路空 元武	甲戌 司命	乙亥 日害 勾陳

天恩天福天德將星宜出入求財見官行軍決戰大勝官兵俱轉將軍之職可選吉時正出北坎方開門吉

夏至後陰遁八門九星圖

甲子 青龍	乙丑 天乙 貴人 明堂	丙寅 日祿 天刑 日破 驛馬	丁卯 朱雀	戊辰 金匱	己巳 天德 六合
庚午 五不遇 旬空 白虎	辛未 旬空 天乙 貴人 明堂	壬申 天牢 路空	癸酉 元武 路空	甲戌 司命	乙亥 勾陳 六害

此伐日吉星照臨宜行軍交戰大勝兵將俱得陞賞宜上官赴任出行求財皆吉用巳時出正南方開門大吉 入學宜用巳時

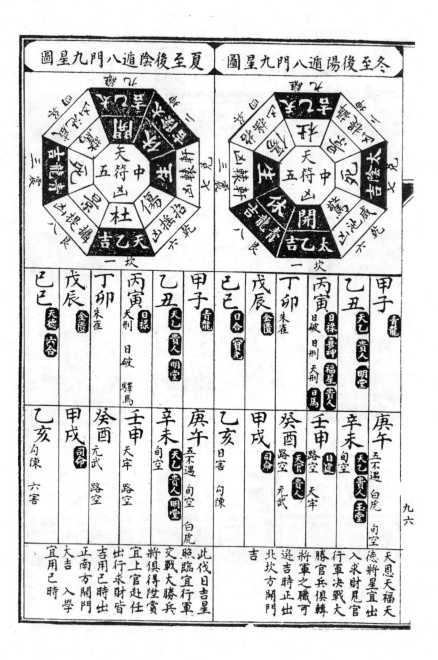

正月甲申水伐日　宜祭祀解除沐浴求醫療病掃舍宇破屋壞垣

二月甲申水伐日　宜祭祀沐浴掃舍宇捕捉

三月甲申水伐日　宜沐浴掃舍宇

四月甲申水伐日　宜沐浴掃舍宇祭祀平治道塗

五月甲申水伐日　宜祭祀祈福上冊受封上表章出行嫁娶進人口移徙解除沐浴剃頭整手足甲裁衣經絡開市納財補垣塞穴掃舍宇破土安葬

六月甲申水伐日　宜祭祀祈福求嗣上冊受封上表章襲爵受封會親友上官赴任臨政親民結婚姻納采問名嫁娶移徙解除沐浴剃頭整手足甲裁衣修造動土豎柱上梁掃舍宇栽種牧養納畜破土安葬

七月甲申水伐日　宜襲爵受封出行上官赴任臨政親民嫁娶進人口沐浴裁衣納財掃舍宇納畜

八月甲申水伐日　宜祭祀沐浴剃頭整手足甲裁衣築隄防經絡醞釀納財補垣塞穴掃舍宇栽種牧養納畜安葬破土

九月甲申水伐日　宜祭祀祈福求嗣上冊受封上表章襲爵受封入學出行上官赴任臨政親民移徙解除沐浴剃頭整手足甲求醫療病裁衣修造動土豎柱上梁開市修置産室開渠穿井安碓磑掃舍宇栽種牧養

十月甲申 水日 伐

宜祭祀祈福求嗣上冊受封上表章襲爵受封會親友出行上官赴任臨政親民結婚姻納采問名嫁娶進人口移徙解除沐浴剃頭整手足甲裁衣修造動土豎柱上梁修倉庫納財掃舍宇伐木捕捉栽種牧養納畜破土安葬

十一月甲申 水日 伐

宜祭祀祈福求嗣襲爵受封會親友入學出行上官赴任臨政親民結婚姻納采問名嫁娶進人口移徙解除沐浴剃頭整手足甲求醫療病豎柱上梁經絡醞釀開市立券交易納財掃舍宇伐木牧養納畜安葬

十二月甲申 水日 伐

宜祭祀上表章襲爵受封出行上官赴任臨政親民移徙沐浴剃頭整手足甲裁衣修造動土豎柱上梁修倉庫經絡醞釀開市納財掃舍宇伐木畋獵栽種牧養納畜破土安葬

按甲申為乙命真玉堂貴人庚命催官專祿己命同取旺於春令

子命為升天太陽六合天喜富日　丑命為富星天印天寶　卯命為紫微　辰命為升天太陽天財六合　巳命為天福催官續世　午命為福星月財文昌天富驛馬　未命為太陽益後紅鸞催官天寶　申命為天壽金匱　酉命平　戌命為福星天財生炁驛馬

寅亥命忌　又乙亥卯未命劫煞日俱忌用

甲申日喜神東北方　貴神東北方　甲與己合　巳與申合　甲生丁火

甲申年歲德在甲　歲德合在己　歲祿在寅　歲馬在寅　陽貴人在未　陰貴人在丑

甲剋戊土　戊寅命天剋地沖　又甲寅命為比沖俱忌用

泉中水賴土而生見土能剋柱中得土全一順挾生亦潤屋肥家最怕火炎

乙酉日

月	建除	宜	忌
七月	除	陰德 官日 吉期 不將 除神 鳴吠	大時 大敗 咸池 九坎 九焦 往亡 五離 元武
六月	滿	民日 天巫 福德 天倉 不將 續世 鳴吠	災煞 天火 血忌 五離 勾陳
五月	平	民日 不將 敬安 除神 明堂 鳴吠	天罡 死刑 天吏 致死 天賊 五離
四月	定	月德合 時日 三合 除陰 不將 要安 除神 鳴吠	死氣 五離 朱雀
三月	執	天願 六合 不將 普護 除神 寶光 鳴吠	大時 大敗 咸池 小耗 五虛 土符 五離
八月	建	官日 六儀 益後 月德合 除神 玉堂 鳴吠	月建 小時 土府 月刑 厭對 招搖 五離
二月	破	玉宇 玉堂 除神 鳴吠	月破 大耗 災煞 天火 月厭 地火 五虛 復日 五離 大會
九月	閉	官日 除神 寶光 鳴吠	月害 天吏 致死 血支 五離
正月	危	陰德 福生 除神 鳴吠	天吏 致死 五虛 五離 元武
十二月	成	天德合 母倉 四相 三合 除神 臨日 福吠 天喜 天醫 月德合	天煞 五離 勾陳
十一月	收	母倉 四相 金堂 除神 明堂 鳴吠	河魁 大時 大敗 咸池 五離
十月	開	天德 母倉 月恩 四相 聖心 除神 陽德 生氣 鳴吠	災煞 天火 五離 朱雀

納音 井泉水

冬至 上元四綠 中元一白 下元七赤

夏至 上元六白 中元九紫 下元三碧

入中宮

冬至後陽遁八門九星圖

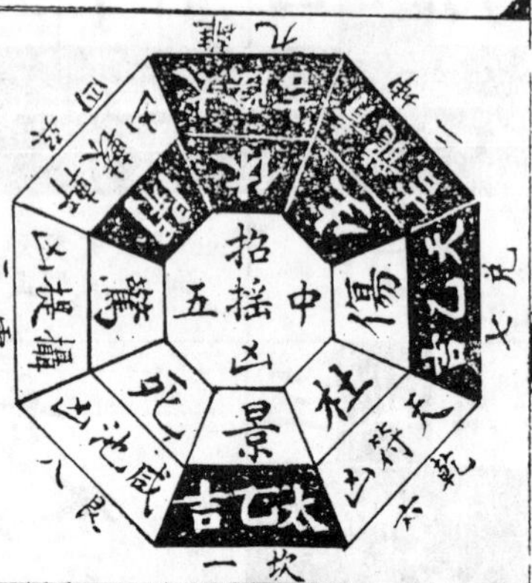

丙子	丁丑	戊寅	己卯	庚辰	辛巳
天乙 貴人 司命	福星 貴人 勾陳	青龍	日祿 日破	日合 天刑	五不遇 朱雀

壬午	癸未	甲申	乙酉	丙戌	丁亥
金匱 路空 旬空	青龍 路空 旬空	天乙 貴人 天官 貴人 白虎	日建 玉堂 日刑	喜神 日害 天牢	福星 貴人 日馬 元武

天恩天福玉堂伐日宜出入求財行軍見陣大勝上官凶可選吉時出正南離方休門吉

夏至後陰遁八門九星圖

丙子	丁丑	戊寅	己卯	庚辰	辛巳
司命 貴人	勾陳	青龍	日祿 明堂 日破	六合 天刑	朱雀 五不遇

壬午	癸未	甲申	乙酉	丙戌	丁亥
金匱 旬空 路空	天德 旬空 路空	貴人 白虎	玉堂	天牢 六害	元武 驛馬

此伐日宜行軍見陣太勝出行求財得利可選寅時出東北艮方開門大吉

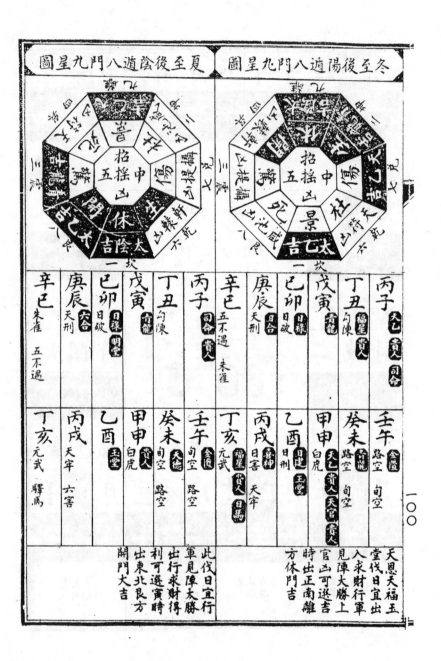

正月乙酉水日 伐	宜祭祀沐浴剃頭整手足甲掃舍宇取魚破土安葬
二月乙酉水日 伐	諸事不宜
三月乙酉水日 伐	宜祭祀祈福求嗣上冊受封上表章襲爵受封出行上官赴任臨政親民結婚姻納采問名嫁娶進人口移徙解除沐浴剃頭整手足甲求醫療病裁衣豎柱上梁經絡醞釀開市立券交易納財掃舍宇捕捉取魚牧養納畜安葬
四月乙酉水日 伐	宜祭祀祈福求嗣上冊受封上表章襲爵受封冠帶出行上官赴任臨政親民結婚姻納采問名嫁娶進人口移徙解除沐浴剃頭整手足甲裁衣修造動土豎柱上梁修倉庫經絡醞釀開市立券交易納財安碓磑掃舍宇牧養納畜破土安葬
五月乙酉水日 伐	宜沐浴剃頭整手足甲掃舍宇修飾垣墻平治道塗
六月乙酉水日 伐	宜祭祀沐浴掃舍宇
七月乙酉水日 伐	宜解除沐浴剃頭整手足甲掃舍宇破土安葬
八月乙酉水日 伐	宜祭祀沐浴掃舍宇
九月乙酉水日 伐	宜沐浴剃頭整手足甲補垣塞穴掃舍宇

十月乙酉水伐日

宜祭祀祈福求嗣上冊受封上表章襲爵受封入學出行上官赴任臨政親民結婚姻納采問名嫁娶移徙解除沐浴剃頭整手足甲裁衣修造動土豎柱上梁修倉庫開市納畜開倉庫出貨財修置產室開渠穿井安碓磑掃舍宇牧養納畜

十一月乙酉水伐日

宜祭祀沐浴剃頭整手足甲掃舍宇捕捉畋獵

十二月乙酉水伐日

宜祭祀祈福求嗣上冊受封上表章襲爵受封入學出行上官赴任臨政親民結婚姻納采問名嫁娶進人口移徙解除沐浴剃頭整手足甲求醫療病裁衣築隄防修造動土豎柱上梁修倉庫經絡醖釀開市立券交易納財開倉庫出貨財安碓磑掃舍宇牧養納畜破土安葬

按乙酉為庚命真歲德合丙丁辛命同取旺於春令

子命為天貴財星天壽　丑命為金匱天錢紅鸞天喜三合富日　寅命為富星天印　辰命為紫微地財六合　巳命為月財天嗣三合　午命為財星天福天田紅鸞　未命為太陰文昌催官生炁續世天富　申命為太陽天喜催官　亥命為福星

卯酉戌命值刑冲　又乙亥卯未命災煞日俱忌用

乙酉日喜神西北方　貴神西南方　乙與庚合　卯與酉合　乙生丙火

乙酉年歲德在庚　歲德合在乙　歲祿在卯　歲馬在亥　陽貴人在申　陰貴人在子

乙剋己土　己卯命為天剋地冲　又乙卯命為比冲俱忌用

月份	吉神	凶神
七月滿	月空 母倉 陽德 敬安 守日 天巫 司命 福德 六儀	厭對 招搖 天狗 九空
六月平	要安 青龍	河魁 死神 月煞 月虛 土符 地囊
五月定	月德合 三合 臨日 時陰 天倉 不將 普護	死氣 五墓 天刑
四月執	玉宇 不將 天德 解神 金匱	小耗 天賊 五墓 復日
八月除	母倉 守日 吉期 續世	月害 血忌 天牢
三月破	月空 四相 天馬 不將 福生 解神	月破 大耗 四擊 九空 九坎 九焦 白虎
九月建	天德 月德 母倉 守日 天馬	月建 小時 土府 白虎
二月危	四相 六合 不將 金堂	月煞 月虛 四擊 天牢
十月閉	益後 金匱	月煞 月虛 血支 五虛
十一月開	月空 時陽 生氣	五虛 九空 往亡 天刑
十二月收	聖心 青龍	天罡 月刑 五虛
正月成	月德 月恩 四相 陽德 三合 天喜 天醫 司命	月厭 地火 四擊 大煞

納音

屋上土

冬至 上元五黃 中元八白 下元二黑

夏至 上元五黃 中元八白 下元二黑

入中宮

冬至後陽遁八門九星圖

戊子	己丑	庚寅	辛卯	壬辰	癸巳
天牢 天官 貴人 福星 貴人	元武	司命	勾陳 日合	青龍 五不遇 路空 日破	日祿 明堂 路空

甲午	乙未	丙申	丁酉	戊戌	己亥
天刑 旬空	日刑 朱雀 旬空	喜神 日馬 金匱	日害 天乙 貴人 寶光	白虎 福星 貴人 日建	天乙 貴人 玉堂

大敗八殺死門大耗不宜出入求財上官行軍決戰大凶遇急可選吉時出西南坤方生門吉

夏至後陰遁八門九星圖

戊子	己丑	庚寅	辛卯	壬辰	癸巳
司命 天牢	元武	青龍	勾陳 六害	路空 日破 五不遇	日祿 明堂 路空

甲午	乙未	丙申	丁酉	戊戌	己亥
天刑 旬空	朱雀 旬空	金匱 驛馬	天德 貴人 六害	白虎	玉堂 貴人

此日宜出兵決戰大獲全勝上官赴任出行買賣求財無不遂意出東北艮方生門大吉

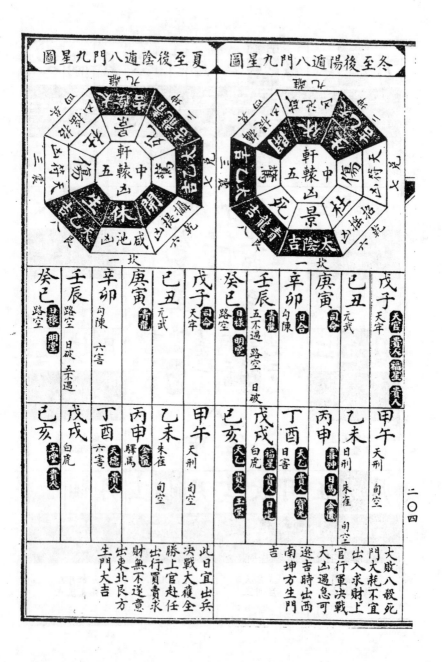

正月丙戌土寶日
宜祭祀祈福求嗣上冊受封上表章會親友入學進人口解除裁衣築隄防修造動土豎柱上梁修倉庫經絡醞釀開市立券交易納財開倉庫出貨財安碓磑牧養納畜安葬

二月丙戌土寶日
宜祭祀取魚

三月丙戌土寶日
宜祭祀祈福求嗣上冊受封上表章襲爵受封會親友沐浴剃頭整手足甲裁衣捕捉

四月丙戌土寶日
宜祭祀祈福求嗣上冊受封上表章襲爵受封會親友冠帶出行上官赴任臨政親民結婚姻納采問名嫁娶進人口移徙解除裁衣修造動土豎柱上梁修倉庫經絡醞釀立券交易納財安碓磑裁種牧養納畜安葬

五月丙戌土寶日
諸事不宜

六月丙戌土寶日
宜上冊受封上表章會親友裁衣經絡補垣塞穴栽種牧養納畜

七月丙戌土寶日
宜祭祀襲爵受封出行上官赴任臨政親民解除沐浴剃頭整手足甲掃舍宇栽種

八月丙戌土寶日
宜祭祀解除沐浴求醫療病破屋壞垣

九月丙戌土寶日

宜祭祀祈福求嗣上册受封上表章襲爵受封會親友出行上官赴任臨政親民結婚姻納采問名嫁娶移徙解除求醫療病裁衣竪柱上梁納財牧養納畜安葬

十月丙戌土寶日

諸事不宜

十一月丙戌土寶日

宜祭祀祈福求嗣會親友入學解除裁衣修造動土竪柱上梁修置産室開渠穿井安碓磑栽種牧養

十二月丙戌土寶日

宜祭祀捕捉畋獵

按丙戌乃貴人祿馬不居之地旺於夏令

子命為福星天錢生炁　丑命為財星天田天貴　寅命為天吉天寶富日三合　卯命為富星天印金匱六合　巳命為紫微天財紅鸞　午命為天錢天嗣三合　申命為福星文昌天寶天富　戌命為太陰益後　亥命為天財益後

未酉命值刑沖破害　又乙亥卯未命歲煞日俱忌用

丙戌日喜神西南方　貴神西北方　丙與辛合　卯與戌合　丙生巳生

丙戌年歲德在丙　歲德合在辛　歲德在巳　歲馬在申　陽貴人在酉　陰貴人在亥

丙剋庚金　庚辰命為天剋地沖　又丙辰命為比沖俱忌用

星圭最能剋水不能生金夏天用之加木重重燒成磚瓦最宜有用不沖壬年不妨一口即刻破爛春田多凶主生盜賊濕病

七月 平
相日 月德 普護
天罡 地囊 死神 月害 五虛 重日 勾陳 遊禍 八風

六月 定
陰德 三合 時陰 六儀 玉宇 明堂
厭對 招搖 死炁 四窮 七鳥 重日

五月 執
五富
劫煞 小耗 四窮 七鳥 復日 重日 朱雀

四月 破
驛馬 天后 天倉 不將 金堂 寶光
月破 大耗 四窮 七鳥 往亡 重日

八月 滿
相日 驛馬 天后 天巫 福德 要安
五虛 八風 大煞 重日 元武

三月 危
母倉 四相 天德合 月德合 不將 玉堂
遊禍 天賊 重日

納音 屋上土

冬至 上元六白 中元三碧 下元九紫

夏至 上元四綠 中元七赤 下元一白

入中宮

九月 除
相日 吉期 五富 玉堂 敬安
劫煞 五虛 八風 土符 重日

二月 成
天德 母倉 四相 六合 五富 不將 聖心
重日 元武

十月 建
王日 續世 寶光
月建 小時 土府 月刑 九坎 九焦 血忌 重日

十一月 閉
月德合 王日
遊禍 血支 重日 朱雀

十二月 開
陰德 王日 驛馬 天后 時陽 生氣 益後 明堂
地火 月厭 重日

正月 收
天德 母倉 四相 六合 五富 不將 聖心
河魁 劫煞 重日 勾陳

冬至後陽遁八門九星圖

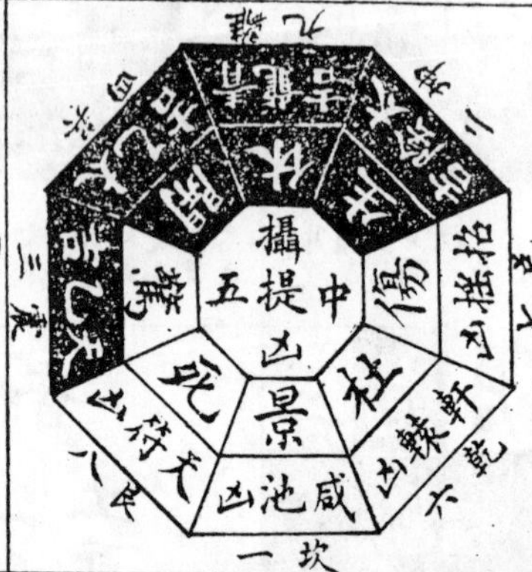

日	神煞
庚子	白虎
辛丑	玉堂
壬寅	日合 路空 天牢
癸卯	五不遇 路空 元武
甲辰	司命
乙巳	日馬 日破 勾陳
丙午	旬空 日祿 喜神 青龍
丁未	旬空 明堂
戊申	日害 天刑
己酉	朱雀 天乙 貴人 福星 貴人
庚戌	金匱
辛亥	日刑 月建 寶光 天乙 貴人 天官 貴人

大敗四廢天賊伐日不宜出入往來行軍大凶遇吉可逐吉時出正南離方休門吉

夏至後陰遁八門九星圖

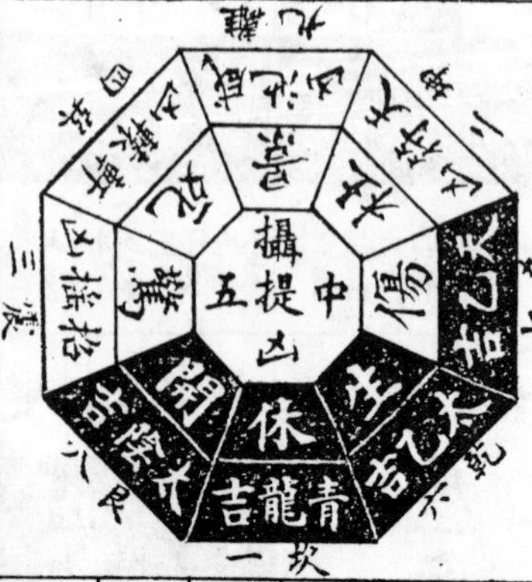

日	神煞
庚子	白虎
辛丑	玉堂
壬寅	六合 天牢 路空
癸卯	元武 路空 五不遇
甲辰	司命
乙巳	勾陳 日破 驛馬
丙午	旬空 青龍 日祿
丁未	旬空 明堂
戊申	
己酉	朱雀 天乙 貴人
庚戌	金匱
辛亥	天德 天乙 貴人

此敗日大伐不宜行軍大凶出行求財上官見貴皆不吉如急事用辰時出西北乾方生門大吉

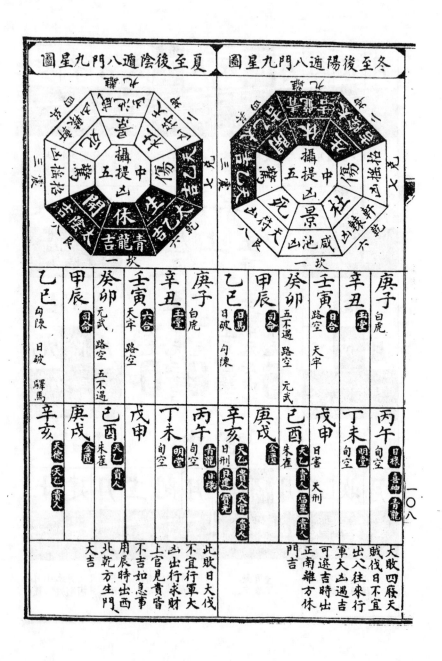

正月丁亥土伐日

宜祭祀祈福求嗣上册受封上表章襲爵受封會親友出行上官赴任臨政親民結婚姻納采問名進人口移徙解除沐浴裁衣修造動土竪柱上梁修倉庫經絡醞釀開市立劵交易納財開倉庫出貨財捕捉栽種牧養納畜

二月丁亥土伐日

宜祭祀祈福求嗣上册受封上表章襲爵受封會親友入學出行上官赴任臨政親民結婚姻納采問名進人口移徙解除沐浴求醫療病裁衣築隄防修造動土竪柱上梁修倉庫經絡醞釀開市立劵交易納財開倉庫出貨財安碓磑栽種牧養納畜

三月丁亥土伐日

宜祭祀上册受封上表章襲爵受封會親友上官赴任臨政親民結婚姻納采問名移徙安牀沐浴裁衣修造動土竪柱上梁納財栽種牧養納畜

四月丁亥土伐日

宜沐浴破屋壞垣

五月丁亥土伐日

宜祭祀沐浴捕捉

六月丁亥土伐日

宜會親友冠帶臨政親民沐浴裁衣修造動土竪柱上梁經絡醞釀安碓磑牧養納畜

七月丁亥土伐日

宜祭祀上册受封上表章襲爵受封會親友出行上官赴任臨政親民結婚姻納采問名移徙沐浴裁衣竪柱上梁牧養納畜

八月丁亥土伐日

宜祭祀祈福上册受封上表章會親友出行進人口移徙沐浴裁衣經絡開市立劵交易納財補垣塞穴

九月丁亥土伐日　宜沐浴掃舍宇

十月丁亥土伐日　宜祭祀沐浴

十一月丁亥土伐日　宜祭祀沐浴裁衣築隄防修倉庫補垣塞穴栽種牧養納畜

十二月丁亥土伐日　宜祭祀入學沐浴

按丁亥為乙命眞文曲福星壽星貴人庚命文昌天官貴人丙丁壬命取同旺於夏令

子命平　丑命為天壽福星益後驛馬　寅命為天貴天田六合　卯命為太陰月財升天

太陽天喜富日金匱三合　辰命為富星天嗣天印紅鸞　午命為紫微　未命為三合

酉命為福星文昌生炁天富驛馬　戌命為太陽天喜催官

巳申亥命忌用　又庚寅午戌命劫煞日俱忌用

丁亥日喜神正南方　貴神東南方　丁與壬合　寅與亥合　丁生戊土

丁亥年歲德在壬　歲德合在丁　歲祿在午　歲馬在巳　陽貴人在亥　陰貴人在酉

丁尅辛金　辛巳命為天尅地冲　又丁巳命為比冲俱忌用

七月定	六月執	五月破	四月危
天福 時德 民日 三合 臨日 時陰 福生 青龍	四相 金堂 解神	月恩 四相 六儀 解神 金匱	四相 不將 天馬
死氣	月害 大時 大敗 咸池 九焦 天刑 小耗 五虛 九坎 歸忌	月破 大耗 災煞 天火 厭對 招搖 五虛	天吏 致死 五虛 白虎

八月平	三月成
時德 民日 玉宇 司命	母倉 三合 天喜 天醫 [illegible] 聖心
河魁 死神 天吏 致死 往亡	歸忌 復日 天牢

九月滿	二月收
時德 民日 天巫 福德 普護	母倉 陽德 司命
災煞 天火 大煞 歸忌 復日 天牢	天罡 月刑 大時 大敗 咸池 天敗

納音 霹靂火

冬至 上元七赤 中元四綠 下元一白

夏至 上元三碧 中元六白 下元九紫

入中宮

十月除	十一月建	十二月閉	正月開
官日 天馬 吉期 要安	官日 敬安 金匱	官日 續世 六合	母倉 時陽 生氣 益後 青龍
大時 大敗 咸池 白虎 歲符	月建 小時 土府 月厭 地火 小會	天吏 致死 血支 土符 歸忌 血忌 天刑 逐陣	災煞 天火

冬至後陽遁八門九星圖

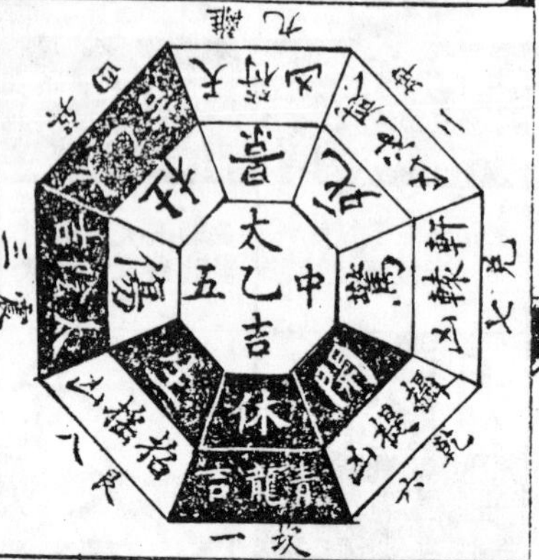

壬子 路空 日建 金匱	戊午 司命 日破 旬空
癸丑 路空 天德 貴人 日合 青龍	己未 日害 天乙 貴人 勾陳 旬空
甲寅 五不遇 日馬 白虎	庚申 福生 貴人 青龍
乙卯 日刑 天官 貴人 玉堂	辛酉 明堂
丙辰 天牢 喜神	壬戌 路空 天刑
丁巳 元武 日祿	癸亥 路空 朱雀

地山升咸池
天牢地獄伐
日不宜出入
求財行車大
凶遇急可逃
吉時出正北
坎方休門吉

夏至後陰遁八門九星圖

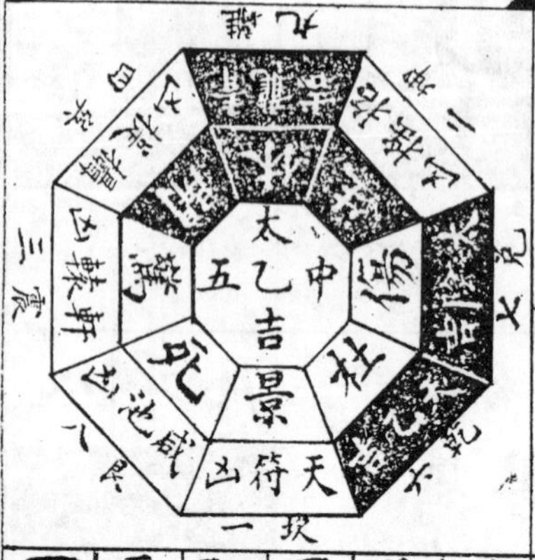

壬子 路空 金匱	戊午 司命 日破 旬空
癸丑 路空 天德 貴人 六合	己未 貴人 勾陳 旬空 六害
甲寅 驛馬 白虎 五不遇	庚申 青龍
乙卯 玉堂	辛酉 明堂
丙辰 天牢	壬戌 天刑 路空
丁巳 元武 日祿	癸亥 朱雀 路空

此日宜出入
求財獲利數
倍上官赴任
臨政親民皆
吉用卯申時出
正南休門向
青龍星大吉
又宜襲爵受
封

正月戊子火制日 宜祭祀入學沐浴

二月戊子火制日 諸事不宜

三月戊子火制日 宜祭祀祈福襲爵受封會親友入學出行上官赴任臨政親民結婚姻納采問名嫁娶進人口沐浴求醫療病裁衣築隄防修造動土豎柱上梁修倉庫經絡醞釀開市立券交易納財安碓磑栽種牧養納畜

四月戊子火制日 宜祭祀會親友沐浴裁衣

五月戊子火制日 諸事不宜

六月戊子火制日 宜祭祀沐浴剃頭整手足甲裁衣捕捉

七月戊子火制日 宜祭祀祈福求嗣上册受封上表章襲爵受封會親友出行冠帶上官赴任臨政親民結婚姻納采問名嫁娶進人口移徙解除沐浴裁衣修造動土豎柱上梁修倉庫經絡醞釀開市立券交易納財開倉庫出貨財安碓磑栽種牧養納畜安葬

八月戊子火制日 宜祭祀沐浴修飾垣墻平治道塗

九月戊子　火日　制　宜祭祀沐浴

十月戊子　火日　制　宜沐浴掃舍宇

十一月戊子　火日　制　諸事不宜

十二月戊子　火日　制　宜祭祀沐浴

按戊子為丙命真天福武曲貴人辛命催官壽星進祿乙巳癸命同取旺於四季
子命為天財催官金匱　丑命為續世六合　寅命為太陰月財升天太陽生炁益後　辰
命為金匱富日天喜三合　巳命為富升天印　申命為金匱天錢三合　酉命為天寶天
福天田　戌命為金匱天富天嗣文昌　亥命為太陽天喜催官
卯午未命忌　又庚寅午戌命災煞日俱忌用
戊子日喜神東南方　貴神東北方　戊與癸合　子與丑合　戊生辛金
戊子年歲德在戊　歲德合在癸　歲祿在巳　歲馬在寅　陽貴人在丑　陰貴人在未
霹靂火乃雷火見水發揚無水不動有木難生亦不能剋金冬天用之主大不祥威武之象

四月成	五月危	六月破	七月執
月恩 四相 三合 臨日 天喜 天醫 六儀 玉堂	四相 陰德 聖心 寶光	天德合 四相 日德合	母倉 明堂
厭對 招搖 四擊 歸忌	月煞 月虛 月害 四擊	月破 大耗 月刑 四擊 九空 復日 朱雀	小耗 歸忌

三月收	納音	八月定
不將 益後	霹靂火	母倉 三合 時陰 金匱
河魁 五虛 元武		死氣 勾陳

冬至 上元八白 中元五黃 下元二黑

夏至 上元二黑 中元五黃 下元八白

入中宮

二月開	九月平
月德合 時陽 生氣 天倉 不將 敬安	母倉 福生
五虛 九空 九坎 九焦 勾陳	天罡 死神 月煞 月虛 元武

正月閉	十二月建	十一月除	十月滿
不將 續世 明堂	不將 守日 要安	陰德 守日 吉期 六合 不將 普護 寶光	月德合 守日 天巫 福德 玉宇 玉堂
月煞 月虛 血支 天賊 五虛 土符 歸忌 血忌	月建 小時 土府 往亡 復日 朱雀		月厭 地火 九空 大煞 歸忌 孤辰

冬至後陽遁八門九星圖

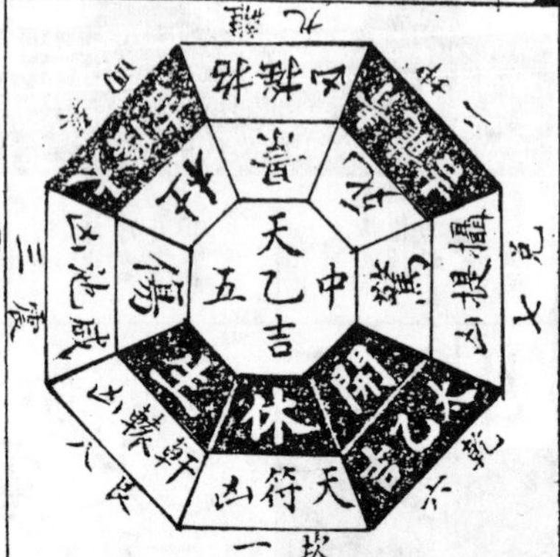

甲子	乙丑	丙寅	丁卯	戊辰	己巳
天乙 貴人 日合 天刑	玉堂 五不遇 朱雀	喜神 天官 貴人 金匱	寶光	白虎	玉堂
庚午	**辛未**	**壬申**	**癸酉**	**甲戌**	**乙亥**
日祿 日害 天牢 旬空	福星 貴人 日破 元武 旬空	天乙 貴人 司命 路空	路空 勾陳	青龍 日刑	日馬 明堂 五不遇

大敗文龍不宜出入求財行軍決戰主必死亡大凶遇急可遊吉時出西北乾方開門吉

夏至後陰遁八門九星圖

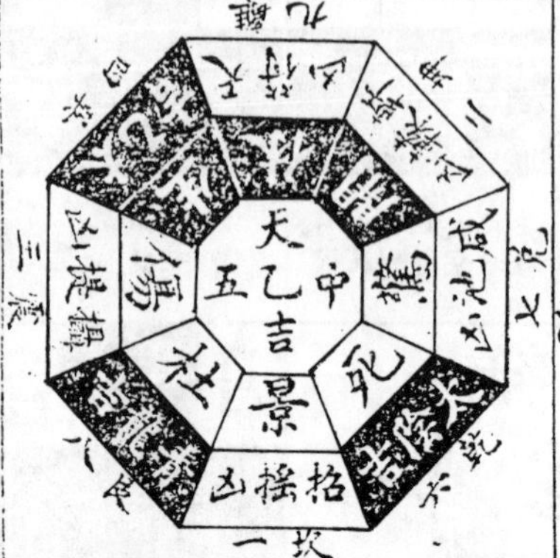

甲子	乙丑	丙寅	丁卯	戊辰	己巳
天乙 貴人 六合 天刑	朱雀 五不遇	金匱	天德	白虎	玉堂
庚午	**辛未**	**壬申**	**癸酉**	**甲戌**	**乙亥**
日祿 貴人 司命 天牢 六害 旬空	元武 日破 旬空	路空	勾陳 路空	青龍	明堂 驛馬 五不遇

此大敗日諸事不宜如有急事可出東南方生門用卯巳時進凶化吉

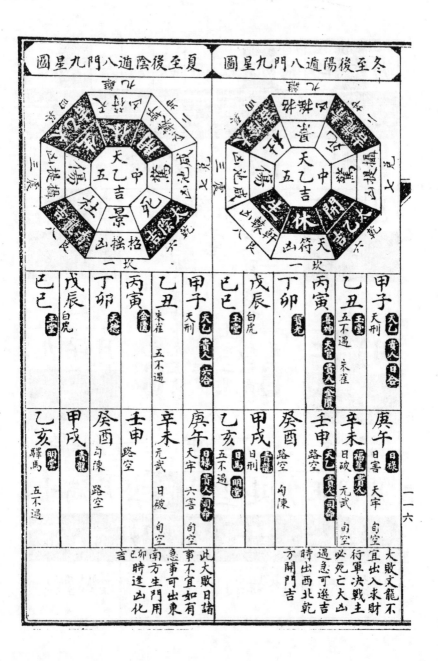

正月己丑火專日	諸事不宜
二月己丑火專日	宜祭祀祈福求嗣上册受封上表章襲爵受封會親友入學出行上官赴任臨政親民結婚姻納采問名嫁娶進人口移徙解除求醫療病裁衣修造動土豎柱上梁修倉庫開市納財修置產室開渠穿井安碓磑牧養納畜
三月己丑火專日	宜祭祀進人口納財捕捉取魚納畜
四月己丑火專日	宜祭祀祈福求嗣上册受封上表章襲爵受封會親友入學出行上官赴任臨政親民結婚姻納采問名進人口解除求醫療病裁衣築隄防修造動土豎柱上梁修倉庫經絡醖釀開市立券交易納財開倉庫出貨財安碓磑栽種牧養納畜
五月己丑火專日	宜祭祀
六月己丑火專日	宜祭祀
七月己丑火專日	宜捕捉栽種牧養納畜
八月己丑火專日	宜會親友結婚姻納采問名嫁娶進人口裁衣修造動土豎柱上梁修倉庫經絡醖釀立券交易納財安碓磑牧養納畜

九月己丑 火 專日	諸事不宜
十月己丑 火 專日	宜祭祀
十一月己丑 火 專日	宜祭祀祈福襲爵受封會親友出行上官赴任臨政親民結婚姻嫁娶進人口解除沐浴剃頭整手足甲求醫療病經絡醞釀立券交易納財掃舍宇納畜安葬
十二月己丑 火 專日	宜裁衣

按己丑為辛命真催官文魁貴人甲戊庚命同取旺於四季

子命為太陽天喜地財催官續世六合　丑命為月財太陰　寅命為天壽催官續世紅鸞

卯命為天錢富星　辰命為天貴天田天錢益後　巳命為天喜三合　申命為紫微

酉命為天錢三合　亥命為福星文昌生炁天嗣天富

午未戌命值刑沖破害　又庚寅午戌命歲煞日俱忌用

己丑日喜神東北方　貴神西南方　甲與己合　子與丑合　己生庚金

己丑年歲德在甲　歲德合在己　歲祿在午　歲馬在亥　陽貴人在子　陰貴人在申

己尅癸水　癸未命為天尅地沖　又己未命為比沖俱忌用

庚寅日

七月 破	六月 危	五月 成	四月 收
驛馬 六合 聖心 解神 五合 鳴吠	月空 母倉 五富 五合 金匱 鳴吠對	母倉 三合 天馬 天喜 天醫 益後 三合 鳴吠對	月德 母倉 敬安 五合 鳴吠對
月破 大耗 月刑 復日 天刑	遊禍	大煞 歸忌 白虎	天罡 劫煞 月害 土符 天牢

三月 開	納音	八月 執
月恩 陽德 王日 驛馬 天后 時陽 生氣 鳴吠對 續世 五合 司命 六儀	松柏木	月德 解神 五合 青龍 鳴吠對
厭對 招搖 血忌	冬至 上元九紫 中元六白 下元三碧	劫煞 小耗 歸忌

二月 閉	納音	九月 定
月空 王日 天倉 不將 普護 五合 青龍 鳴吠對	夏至 上元一白 中元四綠 下元七赤	月德 陽德 三合 臨日 時陰 五合 司命 鳴吠對
遊禍 血支 歸忌	入中宮	月厭 地火 死氣 九坎 九焦 行狠

正月 建	十二月 除	十一月 滿	十月 平
要安 天倉 不將 王日 五合 鳴吠對	天德 月德 時德 相日 吉期 玉宇 不將 五合 金匱 鳴吠對	相日 驛馬 五合 福德 時德 天后 不將 天馬 福生 天巫 鳴吠對	天德合 月空 時德 金堂 不將 相日 五合 六合 五富 鳴吠對
月建 小時 土府 往亡 天刑	劫煞 天賊 五虛	五虛 歸忌 白虎	河魁 死神 遊禍 五虛 天牢

冬至後陽遁八門九星圖

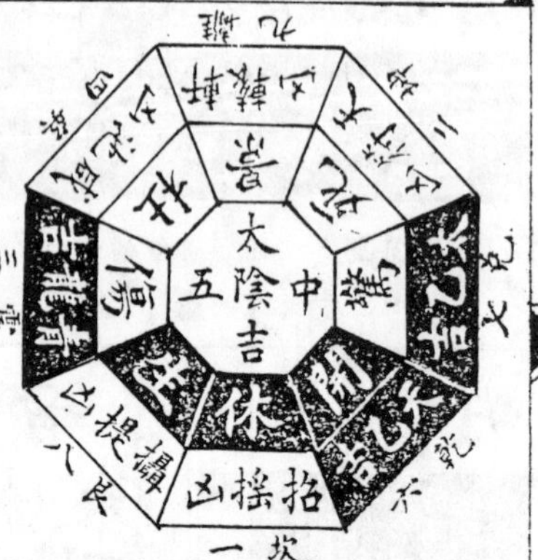

丙子	丁丑	戊寅	己卯	庚辰	辛巳
青龍 五不遇	天乙 貴人	日建 天刑	朱雀	金匱	寶光 日害 日刑

壬午	癸未	甲申	乙酉	丙戌	丁亥
天官 貴人 福星 貴人 路空 白虎 旬空	天乙 貴人 玉堂 路空 旬空	日祿 日馬 日破 天牢	元武	喜神 司命 五不遇	日合 勾陳

天福厚星天瑞玉堂三合生炁宜出入求財行軍見陣大勝千里可遐吉時出西北乾方開門吉

夏至後陰遁八門九星圖

丙子	丁丑	戊寅	己卯	庚辰	辛巳
青龍 五不遇	天乙 貴人 明堂	天刑	朱雀	金匱	天德 六害

壬午	癸未	甲申	乙酉	丙戌	丁亥
白虎 旬空 路空	天乙 貴人 玉堂 旬空 路空	日祿 天牢 日破 驛馬	元武	司命 五不遇	六合 勾陳

此日宜入學擇己辰時出行求財行軍交戰用辰時出東南方開門大吉

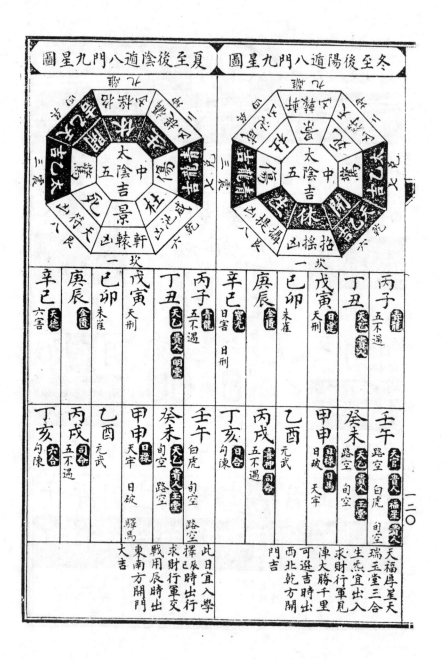

正月庚寅木制日
宜會親友裁衣立券交易納財納畜

二月庚寅木制日
宜裁衣築隄防醞釀立券交易納財補垣塞穴栽種牧養納畜破土啟攢

三月庚寅木制日
宜上冊受封上表章襲爵受封會親友入學出行上官赴任臨政親民結婚姻納采問名移徙解除求醫療病裁衣修造動土豎柱上梁開市立券交易納財開倉庫出貨財修置產室開渠穿井安碓磑栽種牧養

四月庚寅木制日
宜上冊受封上表章襲爵受封會親友出行上官赴任臨政親民結婚姻納采問名嫁娶進人口移徙解除裁衣豎柱上梁立券交易納財捕捉牧養納畜安葬啟攢

五月庚寅木制日
宜襲爵受封會親友入學出行上官赴任臨政親民納婚姻納采問名嫁娶進人口求醫療病裁衣築隄防修造動土豎柱上梁修倉庫醞釀開市立券交易納畜安碓磑栽種牧養納畜破土啟攢

六月庚寅木制日
宜上表章會親友結婚姻安床醞釀開市立券交易納財開倉庫出貨財栽種牧養納畜破土啟攢

七月庚寅木制日
諸事不宜

八月庚寅木制日
宜沐浴捕捉

九月庚寅木制日
諸事不宜

十月庚寅木日　制

宜上册受封上表章襲爵受封會親友出行上官赴任臨政親民結婚姻納采問名嫁娶進人口移徙裁衣修造動土竪柱上梁修倉庫醞釀開市立券交易納財開倉庫出貨財修飾垣牆平治道塗栽種牧養納畜破土安葬啟攢

十一月庚寅木日　制

宜上册受封上表章會親友出行嫁娶進人口解除裁衣修造動土竪柱上梁開市立券交易納財補垣塞穴栽種牧養破土啟攢

十二月庚寅木日　制

宜上册受封上表章襲爵受封會親友上官赴任臨政親民結婚姻納采問名嫁娶移徙解除沐浴剃頭整手足甲裁衣修造動土竪柱上梁立券交易納財掃舍宇栽種牧養納畜破土安葬啟攢

按庚寅為丙命真文曲辛命玉堂貴人甲命同取旺於秋令

子命為福星天貴月財文昌驛馬　丑命為太陽天喜天財催官　寅卯命平　辰命為福星催官生炁續世驛馬　午命為益後天喜三合　未命為富星天財天印　酉命為紫微

戌命為三合　亥命為天福天錢六合金匱天寶

巳申命值刑沖破害　又辛巳酉丑命歲煞日俱忌用

庚寅日喜神西北方　貴神正東方　乙與庚合　寅與亥合　乙生癸水

庚寅年歲德在庚　歲德合在乙　歲祿在申　歲馬在申　陽貴人在丑　陰貴人在未

庚尅甲木　甲申命為天尅地沖　又庚申命為比沖俱忌用

松柏木春不榮冬不凋小金難尅劍鋒可畏水多不流無水不枯見火即焚

四月 開

天德 母倉 陰德 時陽 生氣 普護 五合 鳴吠

災煞 天火 元武

五月 收

月德合 母倉 續世 玉堂 五合 鳴吠對

河魁 大時 大敗 咸池 九坎 九焦 血忌 往亡

六月 成

母倉 月德合 三合 臨日 天喜 天醫 五合 鳴吠對

大煞

七月 危

母倉 五合 鳴吠對

天吏 致死 五虛 土符 朱雀

三月 閉

官日 要安 五合 鳴吠對

月害 天吏 致死 血支 勾陳

八月 破

明堂 五合 鳴吠對

月破 大耗 災煞 天火 復日 大會 月厭 地火 五虛

二月 建

官日 六儀 福生 五合 明堂 鳴吠對

月建 小時 土符 厭對 招搖

九月 執

天德合 月德合 [illegible] 不將 [illegible] 五合 鳴吠對

大時 大敗 咸池 小耗 五虛 勾陳

納音 松栢木

冬至 上元一白 中元七赤 下元四綠

夏至 上元九紫 中元三碧 下元六白

入中宮

正月 除

月德合 官日 吉期 不將 玉宇 五合 鳴吠

大時 大敗 咸池 朱雀

十二月 滿

月恩 民日 福德 天巫 天倉 不將 金匱 鳴吠對

災煞 天火

十一月 平

民日 不將 鳴吠對 玉堂 五合

天罡 死神 月刑 天吏 致死 天賊 地囊

十月 定

陰德 民日 三合 鳴吠對 不將 五合 時陰

死氣 元武

冬至後陽遁八門九星圖

戊子 日刑 [司命]	己丑 勾陳	庚寅 [天乙] [貴人] [青龍]	辛卯 [天德] [明堂]	壬辰 路空 日害 天刑	癸巳 [天官] [貴人] 路空 朱雀 [福星] [貴人] [日馬]
甲午 旬空 [天乙] 貴人 [金匱]	乙未 旬空 [寶光]	丙申 白虎 [青龍]	丁酉 五不遇 [日祿] 日破 [玉堂]	戊戌 天牢	己亥 元武 [六合]

天福學星顯星六合天乙貴人宜出入求財上官赴任行軍決勝可選吉時出正西兌方生門吉

夏至後陰遁八門九星圖

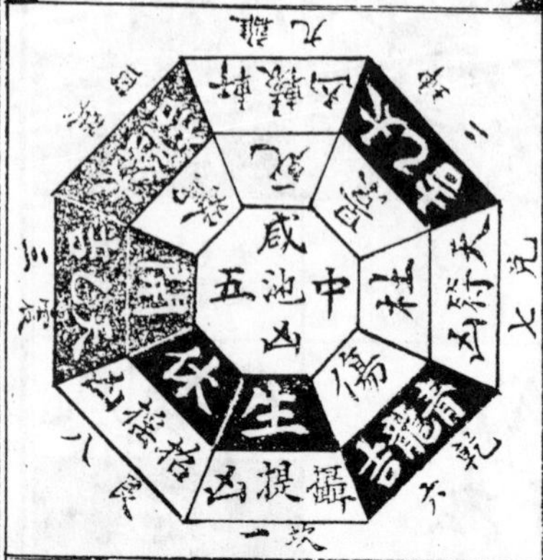

戊子 [司命]	己丑 勾陳 [天乙] [貴人] [青龍]	庚寅	辛卯 [明堂]	壬辰 天刑 六害 路空	癸巳 朱雀 驛馬 路空
甲午 旬空 [天乙] [貴人] [金匱]	乙未 旬空	丙申 白虎	丁酉 [日祿] 日破 [玉堂] 五不遇	戊戌 天牢 [六合]	己亥 元武

此日宜入學擇午時上官赴任出行求財出兵對陣用寅卯時往東方向開門吉

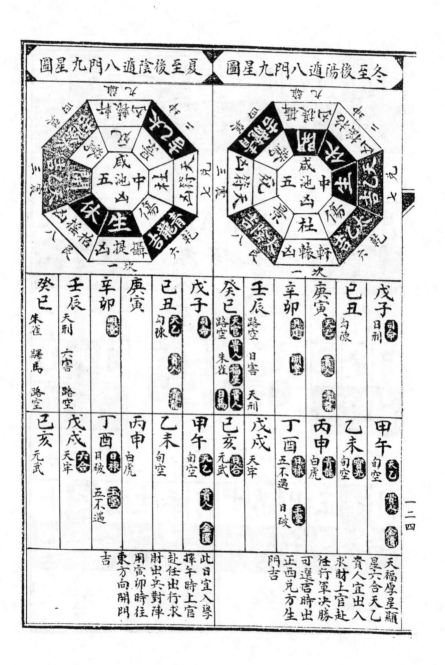

正月辛卯木制日	宜祭祀祈福求嗣上册受封上表章襲爵受封會親友出行上官赴任臨政親民結婚姻納采問名嫁娶移徙解除沐浴剃頭整手足甲求醫療病裁衣修造動土豎柱上梁修倉庫立券交易掃舍宇栽種牧養納畜破土安葬啟攢
二月辛卯木制日	宜祭祀襲爵受封會親友出行上官赴任臨政親民立券交易
三月辛卯木制日	宜補垣塞穴
四月辛卯木制日	宜祭祀祈福求嗣上册受封上表章襲爵受封會親友入學出行上官赴任臨政親民結婚姻納采問名嫁娶移徙解除裁衣修造動土豎柱上梁修倉庫開市立券交易納財修置產室安碓磑栽種牧養納畜
五月辛卯木制日	宜祭祀
六月辛卯木制日	宜祭祀祈福求嗣上册受封上表章襲爵受封會親友入學出行上官赴任臨政親民結婚姻納采問名嫁娶進人口移徙解除求醫療病裁衣築隄防修造動土豎柱上梁修倉庫經絡開市立券交易納財開倉庫出貨財安碓磑栽種牧養納畜破土啟攢
七月辛卯木制日	宜祭祀會親友啟攢
八月辛卯木制日	諸事不宜

九月辛卯制木日

宜祭祀祈福求嗣上册受封上表章襲爵受封會親友出行上官赴任
臨政親民結婚姻納采問名嫁娶進人口移徙解除求醫療病裁衣
修造動土豎柱上梁修倉庫經絡開市立券交易納財捕捉栽種牧
養納畜破土安葬啟攢

十月辛卯制木日

宜襲爵受封會親友冠帶出行上官赴任臨政親民結婚姻納采問名
嫁娶進人口移徙裁衣修造動土豎柱上梁修倉庫經絡開市立券
交易納財安碓磑牧養納畜破土啟攢

十一月辛卯制木日

諸事不宜

十二月辛卯制木日

宜祭祀

按辛卯為丙辛命真歲德合科甲辛命武甲乙壬癸命同取旺於秋令
丑命為福星地財天錢生氣天富　寅命為太陽天喜催官　卯命為金匱天財　巳命為
福星天壽　午命為天貴催官續世　未命為金匱太陰地財升天太陽天喜三合富日
申命為富星天印益後月財　戌命為紫微六合　亥命為金匱三合
子辰酉命忌用　又辛巳酉丑命災煞日俱忌用
辛卯日喜神西南方　貴神西北方　丙與辛合　卯與戌合　辛生壬水
辛卯年歲德在午　歲德合在辛　歲祿在酉　歲馬在巳　陽貴人在寅　陰貴人在午
辛魁乙木　乙酉命為天魁地沖　又辛酉命為比沖俱忌用

納音 長流水

冬至：上元二黑　中元八白　下元五黃

夏至：上元八白　中元二黑　下元五黃

入中宮

月	建除	吉神	凶煞
七月	成	月[illegible] 母倉 [illegible] 四[illegible] 金[illegible] 三合 天喜 續世	月厭 地火 四擊 大煞 血忌
六月	收	天馬 普護	天罡 五虛 白虎
五月	開	月空 時德 時陽 生氣 要安	五虛 九空 天牢
四月	閉	時德 陽德 福生 司命	月虛 月煞 血支 五虛
三月	建	天德 月德 守日 玉宇 青龍	月建 小時 土府 月刑
二月	除	守日 吉期	月害 天刑
八月	危	母倉 四相 六合 不將 敬安	月煞 月虛 四擊 天刑
九月	破	[illegible]	月破 大耗 四擊 九空 往亡
正月	滿	天德合 月空 守日 天巫 福德 六儀 金堂 金匱	厭對 招搖 九空 九坎 九焦
十二月	平	[illegible]	河魁 死神 月虛 月煞 白虎
十一月	定	[illegible]	五墓 死氣 天牢
十月	執	陽德 不將 解神 司命	小耗 天賊 五墓 土符 復日

冬至後陽遁八門九星圖

庚子	辛丑	壬寅	癸卯	甲辰	乙巳
天牢	元武 天官 貴人	路空 日馬 司命	路空 天乙 日害 貴人 勾陳	日刑 福星 貴人 日建 青龍	天乙 貴人 明堂

丙午	丁未	戊申	己酉	庚戌	辛亥
喜神 天刑 旬空	朱雀 天官 旬空 貴人	金匱 五不遇	月合 寶光	月破 白虎	日祿 玉堂

天忌大空亡血刃受死劫煞九醜不宜出入往來行軍主損人馬遇吉可選吉時出正南離方開門吉

夏至後陰遁八門九星圖

庚子	辛丑	壬寅	癸卯	甲辰	乙巳
天牢	元武	司命 驛馬 路空	天德 勾陳 六害 貴人 路空	青龍	明堂 貴人

丙午	丁未	戊申	己酉	庚戌	辛亥
天刑 旬空	朱雀 旬空	金匱 五不遇	天德 六合	白虎 月破	明堂 日祿

此伐日宜入學用巳時其餘事皆忌如遇急事用巳時出正北方向開門吉

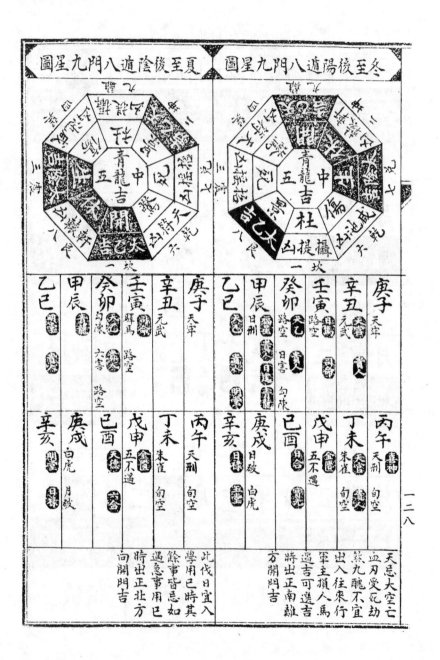

正月壬辰水伐日	宜祭祀祈福求嗣上册受封上表章襲爵受封會親友出行上官赴任臨政親民結婚姻納采問名嫁娶進人口移徙解除求醫療病裁衣修造動土竪柱上梁修倉庫經絡開市立券交易納財開倉庫出貨財牧養納畜安葬
二月壬辰水伐日	宜襲爵受封出行上官赴任臨政親民解除沐浴剃頭整手足甲掃舍宇
三月壬辰水伐日	宜祭祀
四月壬辰水伐日	諸事不宜
五月壬辰水伐日	宜祭祀祈福求嗣上册受封上表章襲爵受封會親友入學出行上官赴任臨政親民結婚姻納采問名移徙解除求醫療病裁衣修造動土竪柱上梁修置產室安碓磑栽種牧養
六月壬辰水伐日	宜祭祀進人口納財捕捉栽種牧養納畜
七月壬辰水伐日	宜祭祀祈福求嗣上册受封上表章會親友入學進人口解除裁衣築隄防修造動土竪柱上梁修倉庫經絡醞釀開市立券交易納財開倉庫出貨財安碓磑牧養納畜安葬
八月壬辰水伐日	宜祭祀

九月壬辰水伐日
十月壬辰水伐日
十一月壬辰水伐日
十二月壬辰水伐日

宜祭祀解除沐浴破屋壞垣

宜上表章沐浴剃頭整手足甲裁衣捕捉畋獵

宜祭祀祈福求嗣上冊受封上表章襲爵受封會親友冠帶出行上官赴任臨政親民結婚姻納采問名嫁娶進人口移徙解除裁衣修造動土竪柱上梁修倉庫經絡醞釀立券交易納財安碓磑栽種牧養納畜安葬

諸事不宜

按壬辰為丙命真壽星天財文魁旺於冬令

子命為天錢金匱三合　丑命為天福天田升天太陽　寅命為福星天財文昌天富　巳命平　午命為福星天壽天錢生氣金匱　未命為天貴天田　申命為天財催官續世天喜三合富日　酉命為富星天壽天印六合　亥命為紫微紅鸞

卯辰戌命值刑沖破害　又辛巳酉丑命歲煞日俱忌用

壬辰日喜神正南方　貴神正南方　丁與壬合　辰與酉合　壬生乙木

壬辰年歲德在壬　歲德合在丁　歲祿在亥　歲馬在寅　陽貴人在卯　陰貴人在巳

壬尅丙火　丙戌命為天尅地沖　又壬戌命為比沖俱忌用

此水春溺夏衰秋缺冬旺多金配長木少則浮土虛則殘得勢成江失位恐涸魚蝦受災

納音 長流水

冬至 上元三碧 中元九紫 下元六白

夏至 上元七赤 中元八白 下元四綠

入中宮

月	建除	吉神	凶神
正月	平	相日 寶光	天罡 死神 月刑 月害 遊禍 五虛 重日
二月	滿	相日 驛馬 天后 天巫 解神 聖心	五虛 土符 大煞 往亡 重日 朱雀
三月	除	相日 吉期 五富 金堂 [illegible] [illegible]	五虛 重日 劫煞
四月	建	[illegible]	月建 小時 土府 重日 勾陳
五月	閉	王日 玉宇	遊禍 重日 血支 元武
六月	開	王日 驛馬 天后 時陽 生氣 福生 玉日	月厭 地火 重日
七月	收	寶光 天德 四相 六合 五富 不將 要安	河魁 劫煞 重日
八月	成	[illegible] 月恩 四相 三合 [illegible] 天喜 天醫 不將	重日 朱雀
九月	危	明堂 四相 陰德 不將 續世	天賊 遊禍 血忌 重日
十月	破	敬安 日馬 天后 天倉 不將	月破 大耗 重日 勾陳
十一月	執	五富 益後	劫煞 小耗 復日 重日 元武
十二月	定	三合 時陰 六儀 玉堂	厭對 招搖 死氣 九坎 九焦 重日

冬至後陽遁八門九星圖

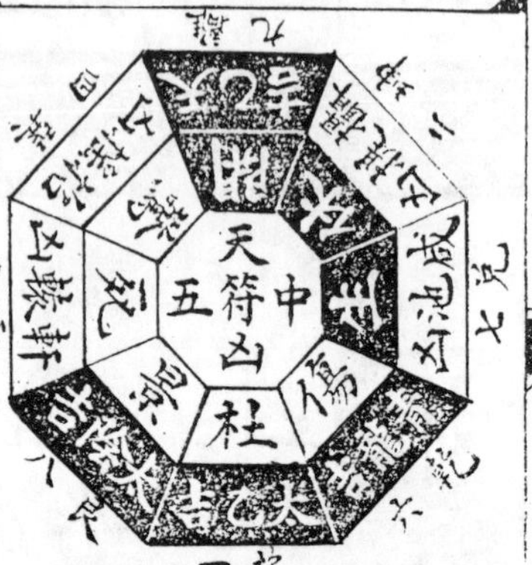

壬子	日祿	路空 白虎
癸丑	玉堂	路空
甲寅		日害 天牢
乙卯	司命 貴人 福星 貴人	元武
丙辰	天官 貴人 喜神 司命	
丁巳	司命 貴人 日建	勾陳
戊午	青龍	旬空
己未	玉堂	五不遇 旬空
庚申	日合	日刑 天刑
辛酉		朱雀
壬戌	天官 貴人 金匱	路空 朱雀
癸亥	日馬 寶光	路空 日破

天上大空亡天憂天悲太陰星不宜出入往來行軍主達旬有陰雨不祥遇急可選吉時出出南離方開門吉

夏至後陰遁八門九星圖

壬子	日祿	白虎 路空 壬子
癸丑	玉堂	路空
甲寅		天牢 六害
乙卯	貴人	元氣
丙辰	司命	
丁巳		勾陳
戊午	青龍	旬空
己未	明堂	旬空 五不遇
庚申	六合	天刑
辛酉		朱雀
壬戌	金匱	路空
癸亥		驛馬 日破 路空

此日宜上官赴任吉入學襲爵受封行軍交戰大勝出行求財用辰時向正北方生門出大吉

正月癸巳水制日

宜平治道塗

二月癸巳水制日

宜祭祀祈福會親友經絡開市立券交易納財

三月癸巳水制日

宜沐浴掃舍宇

四月癸巳水制日

宜襲爵受封會親友上官赴任臨政親民裁衣

五月癸巳水制日

宜裁衣築隄防補垣塞穴

六月癸巳水制日

宜祭祀入學

七月癸巳水制日

宜祭祀祈福求嗣上册受封上表章襲爵受封會親友上官赴任臨政親民結婚姻納財問名嫁娶進人口移徙解除裁衣修造動土豎柱上梁修倉庫經絡醞釀開市立券交易納采開倉庫出貨財補捉栽種牧養納畜

八月癸巳水制日

宜祭祀祈福求嗣上册受封上表章襲爵受封會親友入學上官赴任臨政親民結婚姻納采問名嫁娶進人口移徙解除求醫療病裁衣築隄防修造動土豎柱上梁修倉庫經絡醞釀開市立券交易納財開倉庫出貨財安碓磑栽種牧養納畜

九月癸巳水制日

宜祭祀襲爵受封會親友上官赴任臨政親民結婚姻納采問名嫁娶移徙安床裁衣修造動土豎柱上梁納財畋獵栽種牧養

十月癸巳水制日

宜求醫療病破屋壞垣

十一月癸巳水制日

宜祭祀捕捉畋獵

十二月癸巳水制日

宜會親友冠帶臨政親民結婚姻納采問名進人口裁衣修造動土豎柱上梁修倉庫經絡醞釀立券交易納財安碓磑牧養納畜

按癸巳為丙命真專祿進祿貴人辛命福星天福貴人戊壬癸命同取旺於冬令子命為紫微益後　丑命為天嗣六合　卯命為福星太陰文昌生氣天富驛馬　辰命為太陽天喜天壽催官　巳命為天錢　午命平　未命為福星驛馬　酉命為月財天喜富日三合　戌命為富星天印催官續世紅鸞

寅申亥命值刑沖破害　又丙申子辰命劫煞日俱忌用

癸巳日喜神東南方　貴神正南方　戊與癸合　巳與申合　癸生甲木

癸巳歲歲德在戊　歲德合在癸　歲祿在子　歲馬在亥　陽貴人在巳　陰貴人在卯

癸尅丁火　丁亥命為天尅地沖　又癸亥為比沖俱忌用

月	建除	吉神	凶神
七月	開	四相 天恩 時陽 生氣 不將 五富 鳴吠	災煞 天火 白虎
六月	閉	天德 月德 天赦 官日 六合 不將 鳴吠	天吏 致死 血支 往亡 天牢
五月	建	天德 陽德 官日 金堂 司命 鳴吠	月建 小時 土府 月刑 月厭 地火 土符
四月	除	月空 天赦 官日 吉期 兵福 青龍 鳴吠	大時 大敗 咸池
八月	收	月空 不將 福生 金匱 鳴吠	天罡 大時 大敗 咸池 天賊 九坎 九焦
三月	滿	時德 民日 天巫 福德 鳴吠	災煞 天火 大煞 天刑
九月	成	天合 天喜 天醫 天倉 要安 鳴吠	天刑
二月	平	月德 民日 三合 臨日 天馬 時陰 鳴吠	河魁 死神 天吏 致死
十月	危	月德 四相 普護 青龍 鳴吠	天吏 致死 五虛
十一月	破	月恩 四相 陽德 六儀 續世 解神 司命 鳴吠	月破 大耗 災煞 天火 厭對 招搖 五虛 血支
十二月	執	月空 四相 敬安 解神 鳴吠	月害 大時 大敗 咸池 小耗 五虛 天牢
正月	定	時德 民日 三合 臨日 天馬 時陰 鳴吠	元氣 復日 白虎

納音
砂石金

冬至
上元四綠
中元一白
下元七赤

夏至
上元六白
中元九紫
下元三碧

入中宮

冬至後陽遁八門九星圖

甲子	乙丑	丙寅	丁卯	戊辰	己巳
日破 [金匱]	日害 [天乙] [貴人] [寶光]	白虎 [日祿] [喜神] [福星] [貴人]	[玉堂]	天牢 旬空	元武 旬空
庚午	**辛未**	**壬申**	**癸酉**	**甲戌**	**乙亥**
五不遇 [日建] 日刑 [司命]	勾陳 [天乙] [貴人] [日合]	路空 [日馬] [青龍]	路空 [天官] [貴人] [明堂]	天刑	朱雀

天貴天將解星宜出入求財行軍決戰大勝可選吉時出東北艮方開門吉

夏至後陰遁八門九星圖

甲子	乙丑	丙寅	丁卯	戊辰	己巳
日破 [金匱]	六害 [天乙] [貴人] [天德]	白虎 [日祿]	[玉堂]	天牢 旬空	元武 旬空
庚午	**辛未**	**壬申**	**癸酉**	**甲戌**	**乙亥**
五不遇 [司命]	勾陳 [司命] [貴人] [六合]	驛馬 路空 [青龍]	路空 [明堂]	天牢	朱雀

此日宜上官赴任入學吉其餘皆忌如遇急事用卯時出正東方向青龍吉

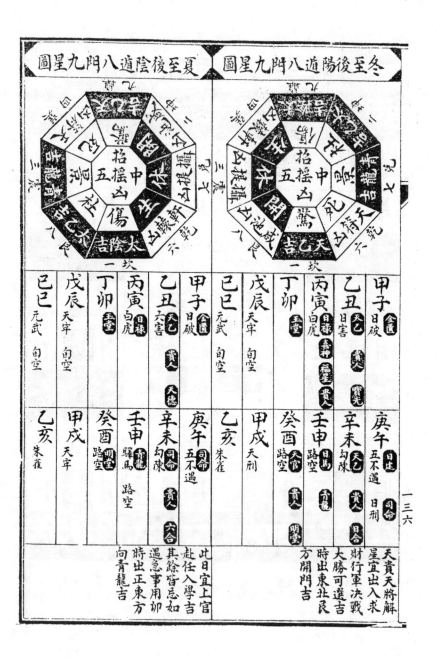

正月甲午金寶日
宜祭祀祈福求嗣上冊受封上表章襲爵受封會親友冠帶出行上官赴任臨政親民結婚姻納采問名嫁娶進人口移徙裁衣修造動土豎柱上梁修倉庫經絡醞釀開市立券交易納財安碓磑牧養納畜

二月甲午金寶日
宜祭祀修飾垣牆平治道塗

三月甲午金寶日
宜祭祀

四月甲午金寶日
宜祭祀祈福求嗣上冊受封上表章襲爵受封會親友出行上官赴任臨政親民結婚姻納采問名嫁娶移徙解除沐浴剃頭整手足甲求醫療病裁衣修造動土豎柱上梁掃舍宇栽種牧養納畜破土安葬

五月甲午金寶日
宜祭祀

六月甲午金寶日
宜祭祀裁衣經絡醞釀補垣塞穴破土安葬

七月甲午金寶日
宜祭祀入學

八月甲午金寶日
宜祭祀捕捉

九月甲午金寶日
宜襲爵受封會親友入學出行上官赴任臨政親民結婚姻納采問名嫁娶進人口移徙求醫療病裁衣築隄防修造動土豎柱上梁修倉庫經絡醞釀開市立券交易納財安碓磑納畜破土安葬

十月甲午金寶日

十一月甲午金寶日

十二月甲午金寶日

宜祭祀祈福求嗣上册受封上表章襲爵受封會親友出行上官赴任臨政親民結婚姻納采問名嫁娶移徙安床解除裁衣修造動土豎柱上梁修倉庫納財伐木栽種牧養納畜破土安葬

諸事不宜

宜祭祀沐浴剃頭整手足甲裁衣伐木捕捉畋獵

按甲午為丙命真催官辛命天嗣貴人丁巳命同取旺於春令

寅命為金匱太陰財星三合　卯命為天財天福天田益後　辰命為福星文昌天富　巳命為太陽天喜催官　未命為天壽金匱六合　申命為福星財星月財天錢生氣　酉命天貴天財紅鸞　戌命為金匱天壽天喜富日三合　亥命為富星天印

子丑午命忌用　又丙申子辰命災煞日俱忌用

甲午日喜神東北方　貴神東北方　甲與巳合　午與未合　甲生丁火

甲午年歲德在甲　歲德合在巳　歲祿在寅　歲馬在申　陽貴人在未　陰貴人在丑

甲尅戊土　戊子命為天尅地沖　又甲子命為比沖俱忌用

沙中金用爐中火煅煉成寶至微難尅

四月 滿
守日 天巫 福德 益後 明堂 月德合
月厭 地火 九空 九坎 九焦 大煞 行狠

五月 除
守日 吉期 六安 不將
勾陳

六月 建
守日 不將 聖心
月建 小時 土府 元武

七月 閉
玉堂 母倉 不將 金堂
月煞 月虛 血支 天賊 五虛

八月 開
母倉 陰德 時陽 月德 生氣 天倉 寶光
九空 五虛 土符

三月 平
天罡 死神 月煞 月虛 朱雀

納音 砂石金

冬至
上元五黃
中元二黑
下元八白

夏至
上元五黃
中元八白
下元二黑

入中宮

九月 收
母倉 玉宇
河魁 月刑 五虛 朱雀

二月 定
三合 時陰 續世 寶光 陰德
死氣 五墓 地囊 血忌 伏日

正月 執
玉堂 三合 敬安
小耗 五墓

十二月 破
天德合 月德合 普護 四符
月破 大耗 四擊 九空 元武

十一月 危
四相 要安
月煞 月虛 月害 四擊 勾陳

十月 成
天德 月德 三合 四相 臨日 天德 天醫 六儀 三合 福生 明堂
厭對 招搖 四擊 往亡

冬至後陽遁八門九星圖

日	神煞
丙子	天乙貴人 日害 天刑
丁丑	日破 日刑 朱雀
戊寅	金匱
己卯	日祿 寶光
庚辰	白虎 旬空
辛巳	玉堂 五不遇 旬空
壬午	路空 天牢
癸未	路空 元武
甲申	司命 天乙貴人 天官貴人
乙酉	勾陳
丙戌	喜神 青龍
丁亥	福星 貴人

天喜生門星福德天德宜出入求財見官行軍決戰劫賊營大勝可選吉時出正東震方休門吉

夏至後陰遁八門九星圖

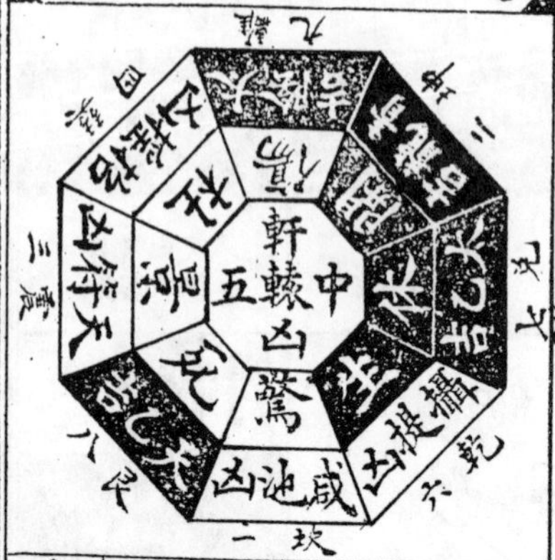

日	神煞
丙子	天乙 天刑 貴人 六合
丁丑	朱雀 日破
戊寅	金匱
己卯	天德 日祿
庚辰	白虎 旬空
辛巳	玉堂 五不遇 日破 旬空
壬午	六合 天牢 路空
癸未	元武 路空
甲申	司命 貴人
乙酉	勾陳
丙戌	青龍
丁亥	明堂

此日宜上官赴任吉開店修造出兵交戰出行求財入學皆用卯時尚正酉休門大吉

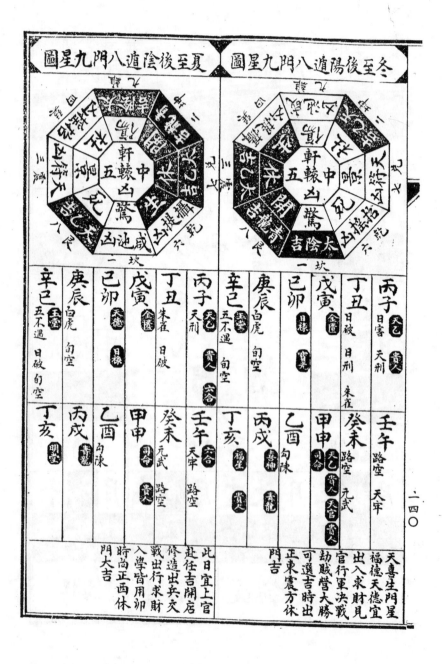

正月乙未金制日
宜捕捉取魚

二月乙未金制日
宜祭祀祈福求嗣會親友裁衣經絡醞釀納財

三月乙未金制日
諸事不宜

四月乙未金制日
宜祭祀

五月乙未金制日
宜襲爵受封會親友出行上官赴任臨政親民結婚姻嫁娶進人口解除沐浴剃頭整手足甲經絡醞釀立券交易納財掃舍宇納畜安葬

六月乙未金制日
宜祭祀襲爵受封出行上官赴任臨政親民嫁娶

七月乙未金制日
諸事不宜

八月乙未金制日
宜祭祀祈福求嗣上冊受封上表章襲爵受封會親友入學出行上官赴任臨政親民結婚姻納采問名嫁娶進人口移徙解除裁衣竪柱上樑開市納財牧養納畜

九月乙未金制日
宜捕捉畋獵

十月乙未金制日

宜祭祀祈福求嗣會親友入學結婚姻納采問名解除裁衣築隄防修造動土豎柱上梁修倉庫經絡醞釀開市立券交易納財開倉庫出貨財安碓磑牧養納畜安葬

十一月乙未金制日

宜祭祀伐木畋獵

十二月乙未金制日

宜祭祀破屋壞垣

按乙未為甲戌庚命同取玉堂天嗣貴人旺於春令

寅命為紫微天嗣　卯命為地財催官續世三合　辰命為天福天田天錢　巳命為福星財星文昌生氣益後天富　午時為太陽天喜催官六合　未命為月財　申命為紅鸞酉命為福星地財　戌命為天貴天田　亥命為財星天壽天喜富日三合

子丑命值刑冲破害忌用　又丙申子辰命歲煞日俱忌用

乙未日喜神西北方　貴神西北方　乙與庚合　午與未合　乙生丙火

乙未年歲德在庚　歲德合在乙　歲祿在卯　歲馬在巳　陽貴人在申　陰貴人在子

乙尅己土　己丑命為天尅地冲　又乙丑命為比冲俱忌用

山下火藏在上中水來上過故不畏水發之能制金木多不旺秋冬用之羣賢集至

七月 建
月空 五合 天倉 除神 鳴吠
月建 小時 土府 五離 天牢

六月 除
陽德 相日 吉期 益後 除神 司命 鳴吠
劫煞 天賊 五虛 五離

五月 滿
月德 相日 驛馬 天后 天巫 福德 不將 鳴吠 陰神 青龍
五虛 五離

四月 平
天恩 相日 不將 續世 天德合 六合 五富 除神 鳴吠
河魁 死神 月刑 遊禍 天刑 五離 五虛 血忌 復日

三月 定
月空 相日 時陰 敬安 金匱 除神 鳴吠
月厭 地火 死氣 往亡 五離 了戾

納音 山下火
冬至 上元一白 中元三碧 下元七紫
夏至 上元四綠 中元七赤 下元一白
入中宮

八月 閉
時德 天馬 五富 聖心 除神 鳴吠
遊禍 血支 月害 五離 白虎

九月 閉
天德 月德 五合 驛馬 天后 時陽 生氣 六儀 金堂 除神 金匱 鳴吠
招搖 厭對 五離

二月 執
四相 天馬 要安 解神 除神 鳴吠
劫煞 小耗 五離 白虎

正月 破
月恩 月德 四相 驛馬 天后 普護 解神 除神 鳴吠
月破 大耗 五離 天牢

十二月 危
母倉 陽德 五富 司命 福生 除神 鳴吠
遊禍 五離

十一月 成
月空 母倉 三合 天喜 天醫 玉宇 青龍 除神 鳴吠
九坎 九焦 土符 大煞 五離

十月 收
母倉 除神 鳴吠
天罡 劫煞 月害 五離 天刑

冬至後陽遁八門九星圖

戊子	己丑	庚寅	辛卯	壬辰	癸巳
天官 貴人 福星 貴人	明堂	日馬 日破 日刑 天刑	朱雀	金匱 五不遇 路空 旬空	日祿 路空 旬空 日合 寶光
甲午	**乙未**	**丙申**	**丁酉**	**戊戌**	**己亥**
玉堂 白虎	玉堂	喜神 天牢 日建	天乙 元武 貴人	福星 貴人 司命	天乙 日害 貴人 勾陳

天佑星太陰星水星不宜出入往來行軍遇急可選吉時出東南巽方生門吉

夏至後陰遁八門九星圖

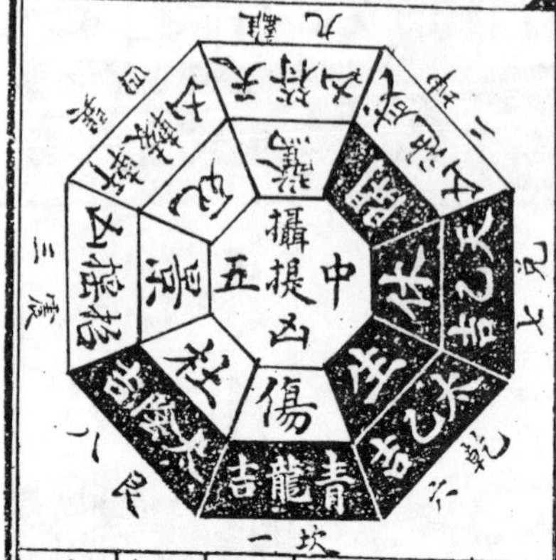

戊子	己丑	庚寅	辛卯	壬辰	癸巳
青龍	明堂	天刑 日破 驛馬	朱雀	金匱 路空 五不遇	天德 路空 長祿 六合
甲午	**乙未**	**丙申**	**丁酉**	**戊戌**	**己亥**
白虎	玉堂	天牢	貴人 元武	司命	貴人 勾陳 六害

此大敗日丙病於申不宜行兵出陣上官赴任出行求財一切皆忌如有急事往正西方休門吉

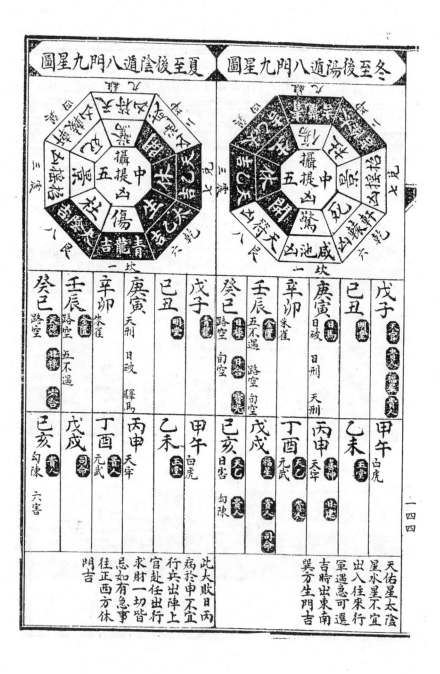

正月丙申制火日

宜祭祀解除沐浴求醫療病掃舍宇破屋壞垣

二月丙申制火日

宜祭祀沐浴掃舍宇捕捉取魚

三月丙申制火日

宜祭祀沐浴掃舍宇

四月丙申制火日

宜祭祀上册受封上表章襲爵受封會親友出行上官赴任臨政親民結婚姻納采問名嫁娶進人口移徙沐浴剃頭整手足甲裁衣修造動土豎柱上梁修倉庫經絡醞釀開市立券交易納財開倉庫出貨財掃舍宇修飾垣墻平治道塗栽種牧養納畜

五月丙申制火日

宜祭祀祈福求嗣上册受封上表章襲爵受封會親友出行上官赴任臨政親民結婚姻納采問名嫁娶進人口移徙解除沐浴剃頭整手足甲求醫療病裁衣修造動土豎柱上梁修倉庫經絡開市立券交易納財開倉庫出貨財補垣塞穴掃舍宇栽種牧養納畜破土安葬

六月丙申制火日

宜祭祀沐浴掃舍宇

七月丙申制火日

宜襲爵受封出行上官赴任臨政親民進人口沐浴裁衣納財掃舍宇納畜

八月丙申制火日

宜祭祀沐浴剃頭整手足甲裁衣經絡醞釀納財掃舍宇牧養納畜安葬

九月丙申火制日

十月丙申火制日

十一月丙申火制日

十二月丙申火制日

宜祭祀祈福求嗣上册受封上表章襲爵受封會親友入學出行上官赴任臨政親民結婚姻納采問名嫁娶移徙解除沐浴剃頭整手足甲求醫療病裁衣修造動土竪柱上梁修倉庫開市修置産室開渠穿井安碓磑掃舍宇栽種牧養納畜

宜沐浴掃舍宇伐木畋獵捕捉

宜上表章襲爵受封會親友入學出行上官赴任臨政親民結婚姻納采問名嫁娶進人口移徙解除沐浴整手足甲剃頭求醫療病裁衣

按丙申為丙辛命真歲德文昌天官天財乙巳庚命同取旺於夏令

子命為升天太陽六合天喜　丑命為富星天印天寶　卯命為紫微　辰命為升天太陽天財六合　巳命為天福催官續世　午命為福星月財文昌天富驛馬　未命為太陽天喜益後紅鸞催官　申命為天壽金匱　酉命平　戌命為福星天財生氣驛馬

寅亥命忌　又辛亥卯未命劫煞日俱忌用

丙申日喜神西南方　貴神西北方　丙與辛合　巳與辛合　丙生巳土

丙申年歲德在丙　歲德合在辛　歲祿在巳　歲馬在寅　陽貴人在酉　陰貴人在亥

丙尅庚金　庚寅命為天尅地沖　又丙寅命為比沖俱忌用

月	建除	吉神	凶神
七月	除	月德合 陰德 富日 吉期 除神 鳴吠	大時 大敗 咸池 九坎 九焦 往亡 五離 元武
六月	滿	民日 天巫 福德 天喜 續世 除神 鳴吠	災煞 天火 血忌 五離 勾陳
五月	平	民日 敬安 除神 玉堂 鳴吠	天罡 死神 天吏 致死 天賊 伏日 五離
四月	定	民日 三合 不將 時陰 要安 除神 鳴吠	死氣 五離 朱雀
三月	執	天德合 除神 四相 六合 不將 鳴吠 青龍 寶光 月德合	大時 大敗 咸池 小耗 五虛 土符 五離
八月	建	官日 六儀 益後 [illegible] 除神 鳴吠	月建 小時 土府 月刑 厭對 招搖 五離
二月	破	月恩 四相 玉宇 玉堂 除神 鳴吠	月破 大耗 災煞 天火 月厭 地火 五虛 五離
九月	閉	官日 寶光 除神 鳴吠	月害 天吏 致死 血支 五離
正月	危	天德 四相 陰德 福生 除神 鳴吠	五虛 天吏 致死 五離 元武
十二月	成	母倉 三合 臨日 天喜 天醫 除神 鳴吠	大煞 五離 勾陳
十一月	收	月德合 母倉 金堂 明堂 除神 鳴吠	河魁 大時 大敗 咸池 五離
十月	開	母倉 時陽 生氣 聖心 除神 鳴吠	災煞 天火 五離 朱雀

納音 山下火

冬至 上元七赤 中元四綠 下元一白

夏至 上元三碧 中元六白 下元九紫

入中宮

冬至後陽遁八門九星圖

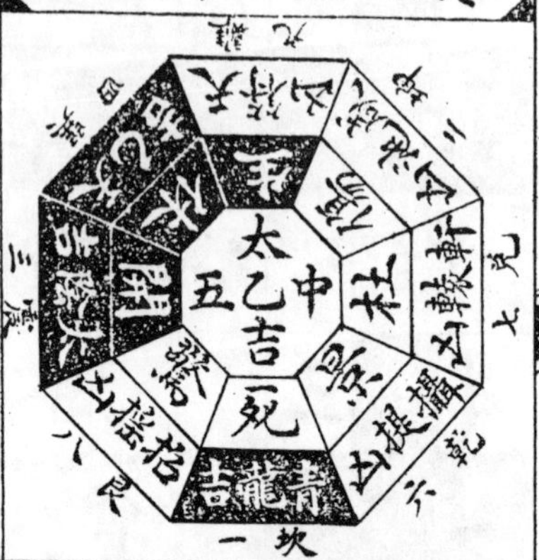

夏至後陰遁八門九星圖

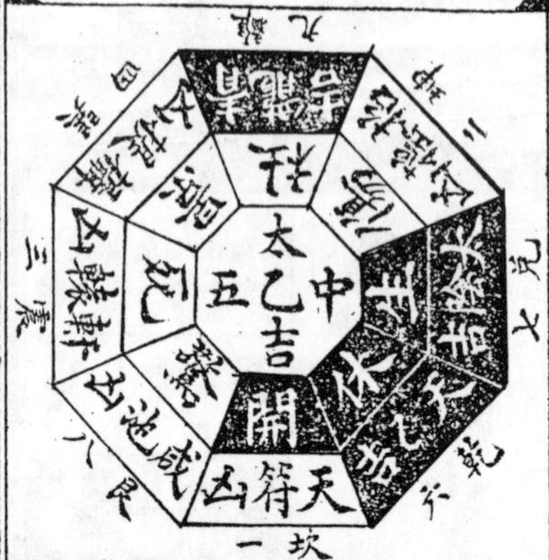

庚子	辛丑	壬寅	癸卯	甲辰	乙巳
司命	勾陳	青龍 路空	五不遇 路空 日破	日合 天刑 旬空	朱雀 旬空
丙午 日祿 喜神 金匱	丁未 寶光	戊申 白虎	己酉 天乙貴人 福星貴人 日刑 日馬 玉堂	庚戌 日害 天牢	辛亥 天乙貴人 天官貴人 元武 日馬

天狗地狗月煞日亡不宜出入求財一切皆忌遇急可選吉時出正南離方生門吉

庚子	辛丑	壬寅	癸卯	甲辰	乙巳
司命	勾陳	青龍 路空	明堂 五不遇 日破 路空	天刑 旬空	朱雀 旬空
丙午 金匱 日祿	丁未 天德	戊申 白虎	己酉 天乙 貴人 玉堂	庚戌 天牢 六害	辛亥 元武 驛馬

此日宜襲爵受封出行求財上官赴任用午時往西北天乙星大吉

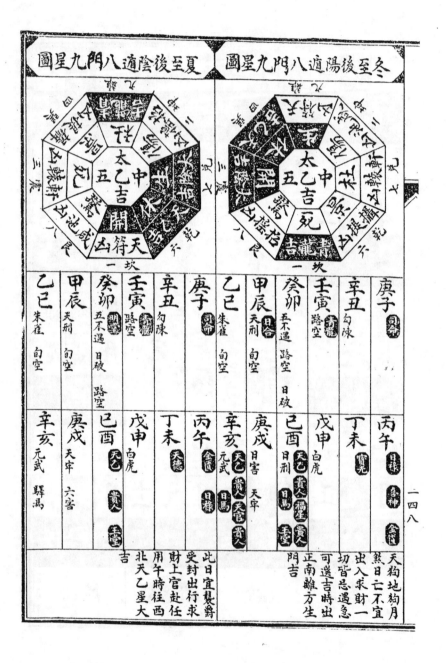

正月丁酉火制日	宜祭祀祈福求嗣上冊受封上表章襲爵受封出行上官赴任臨政親民結婚姻納采問名嫁娶移徙安牀解除沐浴整手足甲裁衣修造動土豎柱上梁修倉庫納財開倉庫出貨財掃舍宇栽種牧養納畜破土安葬
二月丁酉火制日	諸事不宜
三月丁酉火制日	宜祭祀祈福求嗣上冊受封上表章襲爵受封出行上官赴任臨政親民結婚姻納采問名嫁娶進人口移徙解除沐浴整手足甲求醫療病裁衣豎柱上梁經絡醞釀立券交易納財開倉庫出貨財掃舍宇捕捉牧養納畜安葬
四月丁酉火制日	宜襲爵受封冠帶出行上官赴任臨政親民結婚姻納采問名嫁娶進人口移徙沐浴整手足甲裁衣修造動土豎柱上梁修倉庫經絡醞釀開市立券交易納財安碓磑掃舍宇牧養納畜破土安葬
五月丁酉火制日	宜沐浴整手足甲掃舍宇修飾垣牆平治道塗
六月丁酉火制日	宜祭祀沐浴掃舍宇
七月丁酉火制日	宜祭祀祈福求嗣結婚姻納采問名解除沐浴整手足甲裁衣修造動土豎柱上梁修倉庫掃舍宇牧養納畜破土安葬
八月丁酉火制日	宜祭祀沐浴掃舍宇

九月丁酉火制日

宜沐浴整手足甲補垣塞穴掃舍宇

十月丁酉火制日

宜祭祀入學沐浴掃舍宇

十一月丁酉火制日

宜祭祀沐浴整手足甲掃舍宇捕捉

十二月丁酉火制日

宜上冊受封上表章襲爵受封入學出行上官赴任臨政親民結婚姻納采問名嫁娶進人口移徙解除沐浴整手足甲求醫療病裁衣築隄防修造動土豎柱上梁修倉庫經絡醖釀開市立券交易納財安碓磑掃舍宇栽種牧養納畜破土安葬

按丁酉為丙命真玉堂貴人辛命專祿天財歲德合丁命同取旺於夏令

子命為天貴財星天壽　丑命為金匱天錢紅鸞天喜三合富日　寅命為富星天印　辰命為紫微地財六合　巳命為月財天嗣三合　午命為財星天福紅鸞　未命為太陰文昌催官生氣續世天富　申命為太陽天喜催官　亥命為福星

卯酉戌命忌用　又辛亥卯未命災煞日俱忌用

丁酉日喜神正南方　貴神西北方　丁與壬合　辰與酉合　丁生戌土

丁酉年歲德在壬　歲德合在丁　歲祿在午　歲馬在亥　陽貴人在亥　陰貴人在酉

丁尅辛金　辛卯命為天尅地沖　又丁卯命為比沖俱忌用

月	建除	吉神	凶神
七月	滿	天德合 母倉 陽德 守日 天倉 福德 六儀 司命 敬安	厭對 招搖 天狗 九空
六月	平	四相 不將 要安 青龍	河魁 死神 月煞 月虛 土符
五月	定	月恩 四相 三合 臨日 時陰 天倉 不將 普護	死氣 天刑
四月	執	四相 不將 玉宇 解神 金匱	小耗 天賊
三月	破	天馬 福生 解神	月破 大耗 四擊 九空 九焦 九坎 伏日 白虎
二月	危	六合 金堂	月煞 月虛 四擊 天牢
正月	成	陽德 三合 天喜 天倉 天醫 司命	月厭 地火 四擊 大煞
十二月	收	聖心 青龍	天罡 月刑 五虛
十一月	開	時陽 生氣	五虛 九空 往亡 天刑
十月	閉	益後 金匱	月煞 月虛 五虛 血支 絕陽
九月	建	母倉 守日 天馬	月建 小時 土府 復日 白虎 小會 孤陽
八月	除	母倉 守日 吉期 續世	月害 血忌 天牢

納音 平地木

冬至 上元六白 中元五黃 下元二黑

夏至 上元二黑 中元五黃 下元六白

入中宮

冬至後陽遁八門九星圖

壬子	癸丑	甲寅	乙卯	丙辰	丁巳
路空	天乙 路空 貴人 元武	司命 五不遇	天官 勾陳 貴人 日合	喜神 日破 青龍 旬空	日祿 旬空 明堂
戊午	**己未**	**庚申**	**辛酉**	**壬戌**	**癸亥**
天刑	天乙 日刑 貴人 朱雀	福星 貴人 日馬 金匱	寶光 日害	日建 路空 白虎	玉堂 路空

大敗又是六神窮日不宜出入往來從軍百事凶遇急可選吉時出東南巽方休門吉

夏至後陰遁八門九星圖

壬子	癸丑	甲寅	乙卯	丙辰	丁巳
天牢 路空	貴人 元武 路空	司命 五不遇	六合 勾陳	青龍 日破 旬空	日祿 旬空
戊午	**己未**	**庚申**	**辛酉**	**壬戌**	**癸亥**
天刑	貴人 朱雀	天德 驛馬	天德 六害	白虎 路空	玉堂 路空

此日大敗不宜出軍見陣大敗宜出入求財尋人皆吉選吉時出西乾方太陰星吉

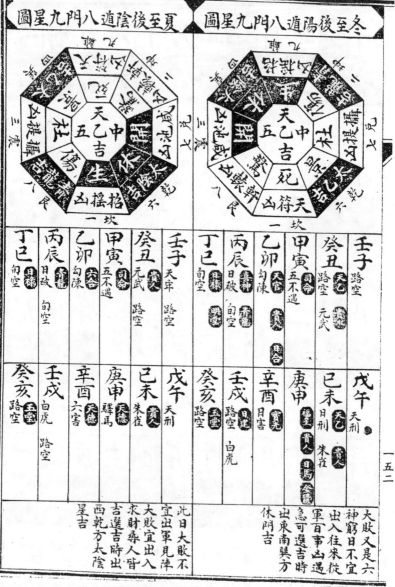

正月戊戌木專日

宜入學

二月戊戌木專日

宜取魚

三月戊戌木專日

宜祭祀解除沐浴求醫療病破屋壞垣

四月戊戌木專日

宜祭祀祈福求嗣上表章襲爵會親友上官赴任臨政親民結婚姻受封納采問名嫁娶移徙解除沐浴剃頭整手足甲求醫療病裁衣修造動土豎柱上梁捕捉栽種牧養

五月戊戌木專日

宜祭祀祈福求嗣上冊受封上表章襲爵受封會親友冠帶出行上官赴任臨政親民結婚姻納采問名嫁娶進人口移徙裁衣修造動土豎柱上梁修倉庫經絡醞釀立券交易納財開倉庫出貨財安碓磑牧養納畜

六月戊戌木專日

諸事不宜

七月戊戌木專日

宜上冊受封上表章襲爵受封會親友出行上官赴任臨政親民結婚姻納采問名嫁娶進人口移徙解除求醫療病裁衣修造動土豎柱上梁修倉庫經絡開市立券交易納財開倉庫出貨財補垣塞穴栽種牧養納畜安葬

八月戊戌木專日

宜祭祀襲爵受封出行上官赴任臨政親民解除沐浴剃頭整手足甲掃舍宇栽種

九月戊戌木專日　諸事不宜

十月戊戌木專日　諸事不宜

十一月戊戌木專日　宜祭祀祈福求嗣會親友入學解除裁衣修造動土竪柱上梁修置產室開渠穿井安碓磑栽種牧養

十二月戊戌木專日　宜祭祀捕捉畋獵

按戊戌為辛命真文昌文曲貴人旺於四季
子命為福星天錢生氣　丑命為財星天田天貴　寅命為天喜天寶富日三合　卯命為
富星天印金匱六合　巳命為紫微天財紅鸞　午命為天錢天嗣三合　申命為福星文
星天寶天富　戌命為太陰益後　亥命為天財益後
辰未酉命值刑冲破害忌用　又六丙命部天辛亥卯未命歲煞日俱忌用
戊戌日喜神東南方　貴神正北方　戊與癸合　卯與戌合　戊生辛金
戊戌年歲德在戊　歲德合在癸　歲祿在巳　歲馬在申　陽貴人在丑　陰貴人在未
戊尅壬水　壬辰命為天尅地冲　又戊辰命為比冲俱忌用
平地木本質無根多水則朽多金成器用貴家乃成棟樑用富家積穀千倉用之貧家借資
飲食

己亥日

月份	建除	吉神	凶煞
七月	平	相日 普護	天罡 死神 月害 遊禍 五虛 重日 勾陳
六月	定	天德合 四相 陰德 三合 時陰 六儀 五宇 明堂	厭對 招搖 死氣 復日 重日
五月	執	五富 四相 福生	劫煞 小耗 重日 朱雀
四月	破	月恩 四相 驛馬 天后 天倉 金堂 寶光	月破 大耗 往亡 重日
八月	滿	四相 驛馬 天后 天巫 福德 要安	五虛 大煞 重日 元武
三月	危	母倉 不將 玉堂	遊禍 天賊 重日
九月	除	相日 吉期 五富 敬安 玉堂	劫煞 五虛 土符 重日
二月	成	母倉 三合 臨日 月德合 天喜 天醫 不將	重日 元武
十月	建	月德合 王日 續世 寶光	月厭 小時 土府 月刑 小會 九坎 純陽 九焦 血忌 重日
十一月	閉	玉堂	遊禍 血支 重日 朱雀
十二月	開	陰德 王日 驛馬 天后 時陽 生氣 益後 明堂	月厭 地火 復日 重日
正月	收	母倉 六合 五富 不將 聖心	河魁 劫煞 重日 勾陳

納音
平地木

冬至 上元九紫 中元六白 下元三碧

夏至 上元一白 中元四綠 下元七赤

入中宮

冬至後陽遁八門九星圖

甲子	白虎 天乙 貴人
乙丑	五不遇 玉堂
丙寅	天牢 喜神 天官 貴人 日合
丁卯	元武
戊辰	司命 旬空
己巳	日祿 日破 勾陳 旬空
庚午	日祿 青龍
辛未	福星 貴人 明堂
壬申	天乙 路空 貴人 天刑 日害
癸酉	路空 朱雀
甲戌	金匱
乙亥	日建 五不遇 寶光 日刑

天明福星五明星太陽生氣宜出入行軍決戰大勝可選吉時出正東震方開門吉

夏至後陰遁八門九星圖

甲子	白虎
乙丑	五不遇 玉堂 貴人
丙寅	天牢
丁卯	元武
戊辰	司命 貴人
己巳	驛馬 勾陳 日破 旬空
庚午	日祿 貴人
辛未	明堂 貴人
壬申	天刑 六害 路空
癸酉	朱雀 路空
甲戌	金匱
乙亥	五不遇

此日宜襲爵受封行軍出隊大勝出行買賣得利上官赴任用午時往西方向生門大吉

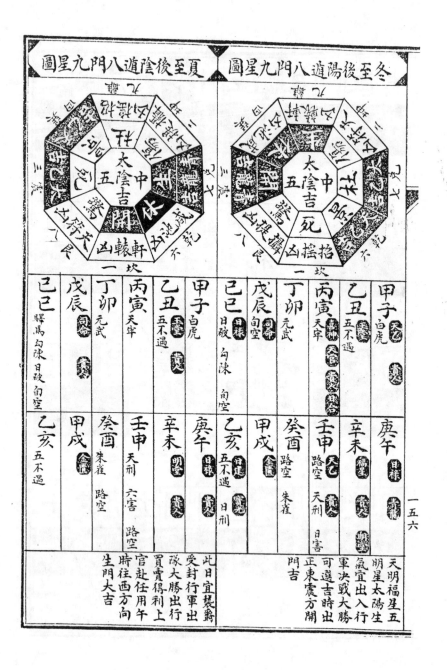

正月巳亥木制日

宜祭祀祈福會親友結婚姻進人口沐浴經絡醞釀開市立券交易納財開倉庫出貨財捕捉取魚栽種牧養納畜

二月巳亥木制日

宜祭祀祈福求嗣上册受封上表章襲爵受封會親友入學出行上官赴任臨政親民結婚姻納采問名進人口移徙解除沐浴求醫療病裁衣築隄防修造動土竪柱上梁修倉庫經絡醞釀開市立券交易納財安碓磑栽種牧養納畜

三月巳亥木制日

宜安床沐浴納財取魚栽種牧養納畜

四月巳亥木制日

宜祭祀解除沐浴破屋壞垣

五月巳亥木制日

宜祭祀沐浴捕捉

六月巳亥木制日

宜祭祀祈福求嗣上册受封上表章襲爵受封會親友冠帶出行上官赴任臨政親民結婚姻納采問名進人口移徙解除沐浴裁衣修造動土竪柱上梁修倉庫經絡醞釀立券交易納財開倉庫出貨財安碓磑栽種牧養納畜

七月巳亥木制日

宜祭祀沐浴修飾垣牆平治道塗

八月巳亥木制日

宜祭祀祈福上册受封上表章會親友出行進人口移徙沐浴裁衣經絡開市立券交易納財補垣塞穴

九月己亥木制日
宜沐浴掃舍宇

十月己亥木制日
諸事不宜

十一月己亥木制日
宜沐浴裁衣築隄防

十二月己亥木制日
宜祭祀入學沐浴

按己亥為丙命真天嗣貴人丁壬命取旺於四季子命平　丑命為福星天壽益後驛馬　寅命為天貴天田六合　卯命為太陰月財升天太陽天喜富日金匱三合　辰命為富星天嗣天印紅鸞　午命為紫微　未命為三合酉命為福星文昌生氣天富驛馬　戌命為太陽天喜催官
己申亥命值刑沖破害忌用　又六辛命鄗天丙寅午戌命劫煞日
己亥日喜神東北方　貴神西北方　甲與己合　寅與亥合　己生庚金
己亥年歲德在甲　歲德合在己　歲祿在午　歲馬在巳　陽貴人在子　陰貴人在申
己尅癸水　癸巳命為天尅地沖　又己巳命為比沖俱忌用

正月 閉	十二月 閉	十一月 建	十月 除
母倉 時陽 生氣 不將 益後 青龍 鳴吠對	天德 日德 官日 六合 不將 續世 鳴吠對	官日 敬安 金匱 鳴吠對	天德合 月空 官日 天馬 吉期 要安 鳴吠對
[illegible]煞 天火 地囊	天吏 致死 血支 土符 歸忌 血忌 天刑	月建 小時 土府 月厭 地火	大時 大敗 咸池 白虎

二月 收	九月 滿
月空 母倉 陽德 不將 司命 鳴吠對	月德 時德 民日 天巫 福德 青[illegible] 鳴吠
天罡 月刑 大時 大敗 咸池 天賊	災煞 天火 四忌 九虛 大煞 歸忌 天牢

三月 成	八月 平
母倉 月恩 三合 天喜 天醫 天倉 聖心 鳴吠對	月德 時德 陽德 民日 玉宇 司命 鳴吠對
歸忌 天牢	河魁 死神 天吏 致死 四忌 九虛 往亡

四月 危	五月 破	六月 執	七月 定
月德 天喜 鳴吠對	六儀 解神 金匱 鳴吠對	月空 解神 金匱 鳴吠	時德 民日 三合 臨日 時陰 [illegible] 福生 青[illegible] 鳴吠
天吏 致死 五虛 白虎	月破 大耗 災煞 天火 厭對 招搖 五虛	月害 大時 大敗 咸池 小耗 五虛 九坎 九焦 歸忌 天刑	死氣 四忌 九虛 復日

納音 壁上土

冬至 上元一白 中元七赤 下元四綠

夏至 上元九紫 中元三碧 下元六白

入中宮

冬至後陽遁八門九星圖

丙子	丁丑	戊寅	己卯	庚辰	辛巳
日建 五不遇	天乙 貴人 六合 寶光	白虎 日馬	玉堂	天牢 旬空	元武 旬空

壬午	癸未	甲申	乙酉	丙戌	丁亥
天官 貴人 福星 貴人 路空 日破 司命	天官 貴人 路空 日害 勾陳	日祿 青龍	明堂	喜神 五不遇 天刑	朱雀

天福厚星天德月合宜出入求財行軍上陣大勝可選吉時出西北乾方休門吉

夏至後陰遁八門九星圖

丙子	丁丑	戊寅	己卯	庚辰	辛巳
玉堂 五不遇		天德 白虎 驛馬	金匱 貴人	天牢 旬空	元武 旬空

壬午	癸未	甲申	乙酉	丙戌	丁亥
明堂 日破 路空	青龍 勾陳 路空 六害	日祿	司命	天刑 五不遇	貴人 朱雀

此日宜襲爵受封不宜出行求財上官赴任如遇急事宜用卯時出正東方開門吉

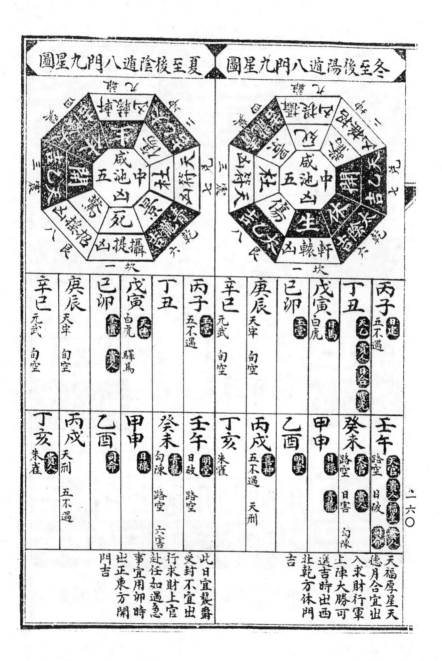

正月庚子土寶日
宜祭祀入學沐浴

二月庚子土寶日
諸事不宜

三月庚子土寶日
宜祭祀祈福求嗣襲爵受封會親友入學出行上官赴任臨政親民結婚姻納采問名嫁娶進人口解除沐浴求醫療病裁衣築隄防修造動土豎柱上梁修倉庫醞釀開市立券交易納財開倉庫出貨財安碓磑栽種牧養納畜破土安葬

四月庚子土寶日
宜祭祀祈福求嗣上冊受封上表章襲爵受封會親友出行上官赴任臨政親民結婚姻納采問名嫁娶移徙安床解除沐浴裁衣修造動土豎柱上梁修倉庫栽種牧養納畜破土安葬啟攢

五月庚子土寶日
諸事不宜

六月庚子土寶日
宜沐浴剃頭整手足甲求捕捉

七月庚子土寶日
宜祭祀祈福求嗣上冊受封上表章襲爵受封會親友冠帶出行上官赴任臨政親民進人口移徙沐浴裁衣修造動土上柱上梁修倉庫醞釀開市立券交易納財開倉庫出貨財安碓磑牧養納畜

八月庚子土寶日
宜祭祀沐浴修飾垣牆平治道塗

九月庚子土寶日

宜祭祀沐浴

十月庚子土寶日

宜祭祀祈福求嗣上册受封上表章襲爵受封會親友出行上官赴任臨政親民結婚姻納采問名嫁娶移徙解除沐浴剃頭整手足甲求醫療病裁衣修造動土豎柱上梁修倉庫掃舍宇栽種牧養納畜破土安葬啟攢

十一月庚子土寶日

諸事不宜

十二月庚子土寶日

宜祭祀沐浴裁衣醞釀安葬啟攢

按庚子為丁命真天財武曲貴人乙巳癸命同取旺於秋令

子命為天財催官金匱　丑命為續世六合　寅命為太陰月財天錢升天太陽生氣益後

辰命為金匱富日天喜三合　巳命為富星天印　申命為天錢金匱三合　酉命為天寶天福天田　戌命為金匱天富天嗣文昌　亥命為太陽天喜催官

卯午未命值刑冲破害　又丙寅午戌命災煞日俱忌用

庚子日喜神西北方　貴神正北方　乙與庚合　子與丑合　庚生癸水

庚子年歲德在庚　歲德合在乙　歲祿在申　歲馬在寅　陽貴人在丑　陰貴人在未

庚尅甲合　甲午命為天尅地冲　又庚午命為比冲俱忌用

壁上土最能尅水不能生金夏天用之加木重重燒成磚瓦最宜有用不冲千年不朽一冲即刻破門春用多凶主生盜濕病

七月 執
[illegible]
小耗 五墓 歸忌

六月 破
無
月破 大耗 月刑 四擊 九空 朱雀

五月 危
[illegible]
月煞 月虛 月害 四擊

四月 成
[illegible]
厭對 招搖 四擊 歸忌

八月 定
[illegible] 三合 時陰 明堂
死氣 五墓 復日 勾陳

三月 收
[illegible]
河魁 五虛 元武

九月 平
母倉 天德合 月德合 明堂
天罡 死神 月煞 月虛 地囊 元武

二月 開
時陽 生氣 天倉 敬安
五虛 九空 九焦 九坎 勾陳

納音 壁上土

冬至 上元二黑 中元八白 下元五黃

夏至 上元八白 中元二黑 下元五黃

入中宮

十月 滿
定日 天巫 福德 玉宇 玉堂
月厭 地火 九空 大煞 歸忌 行狠

十一月 除
陰德 守日 吉期 六合 普護 寶光
無

十二月 建
月恩 守日 不將 要安
月建 小時 土符 往亡 朱雀

正月 閉
天德合 不將 續世
月煞 月虛 血支 天賊 五虛 土符 歸忌 血忌

冬至後陽遁八門九星圖

戊子	己丑	庚寅	辛卯	壬辰	癸巳
六合(?) 天刑	日建(?) 朱雀	天官(?) 青龍(?) 金匱(?)	寶光(?)	路空 白虎 旬空	天官(?) 貴人 福星(?) 貴人 玉堂 路空 旬空

甲午	乙未	丙申	丁酉	戊戌	己亥
天乙 日害 貴人(?) 天牢	日破 元武	喜神 司命	日祿 五不遇	青龍 日刑	日馬 明堂

天福厚星天和生氣黃道吉雖宜出入求財行軍決戰大勝獲財可選吉時出正西兌方開門大吉

夏至後陰遁八門九星圖

戊子	己丑	庚寅	辛卯	壬辰	癸巳
天刑	朱雀			天德(?) 白虎 貴人(?) 旬空 路空	旬空 路空

甲午	乙未	丙申	丁酉	戊戌	己亥
天牢 六害	元武 日破	青龍 日祿	勾陳 五不遇	貴人	驛馬

此日宜上官赴任出行求財訪謁見貴用卯時出正東方向生門大吉

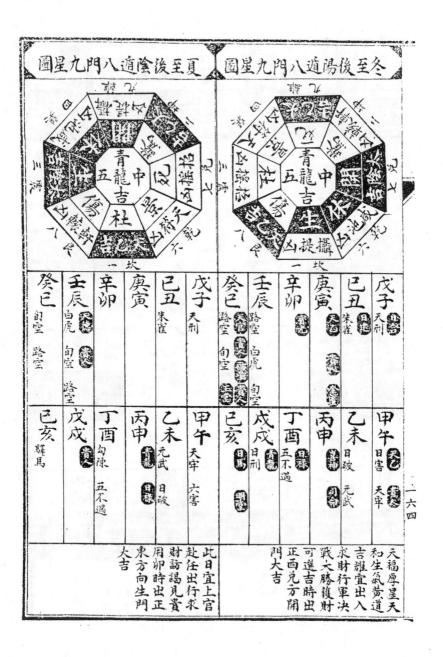

正月辛丑土義日
宜祭祀

二月辛丑土義日
宜祭祀祈福求嗣上册受封上表章襲爵受封會親友入學出行上官
赴任臨政親民移徙解除求醫療病裁衣修造動土豎柱上梁修置
產室開渠穿井安碓磑牧養納畜

三月辛丑土義日
宜祭祀進人口納財捕捉取魚納畜

四月辛丑土義日
宜祭祀祈福求嗣上册受封上表章襲爵受封會親友入學出行上官
赴任臨政親民結婚姻納采問名嫁娶進人口解除求醫療病裁衣
築隄防修造動土豎柱上梁修倉庫經絡開市立券交易納財安碓
磑栽種牧養納畜安葬

五月辛丑土義日
宜祭祀

六月辛丑土義日
諸事不宜

七月辛丑土義日
宜捕捉

八月辛丑土義日
宜會親友裁衣修倉庫經絡納財安碓磑

九月辛丑土義日
宜祭祀

十月辛丑土義日

宜祭祀

十一月辛丑土義日

宜祭祀祈福襲爵受封會親友出行上官赴任臨政親民結婚姻嫁娶
進人口解除沐浴剃頭整手足甲求醫療病經絡立券交易納財掃
舍宇納畜安葬

十二月辛丑土義日

宜祭祀祈福求嗣會親友結婚姻納采問名解除沐浴豎柱上梁納財
開倉庫出貨財牧養

按辛丑為丁命真文曲壽星貴人甲戌庚命同取旺於秋令
子命為太陽天喜地財催官續世六合　丑命為月財太陰　寅命為天壽催官續世紅鸞
卯命為天錢福星　辰命為天貴天田天錢益後　巳命為天喜三合　申命為紫微　酉
命為天錢三合　亥命為福星文昌天嗣生氣天富
午未戌命值刑沖破害忌用　又丙寅午戌命歲煞日俱忌用
辛丑日喜神西南方　貴神東北方　丙與辛合　子與丑合　辛生壬水
辛丑年歲德在丙　歲德合在辛　歲祿在酉　歲馬在亥　陽貴人在寅　陰貴人在午
辛尅乙木　乙未命為天尅地沖　又辛未命為比沖俱忌用

納音 金箔金

冬至：上元三碧　中元九紫　下元六白

夏至：上元七赤　中元一白　下元四綠

入中宮

月	建除	吉神	凶神
正月	建	天德合 月空 王日 天倉 要安 五合 鳴吠對	月建 小時 土符 往亡 天刑
二月	閉	王日 五富 普護 五合 青龍 鳴吠對	遊禍 血支 歸忌
三月	開	天德 陽德 王日 驛馬 天后 時陽 生氣 鳴吠 續世 月德 五合 司命 六儀	厭對 招搖 血忌
四月	收	母倉 [illegible] 五合 鳴吠對	天罡 劫煞 月害 土符 天牢
五月	成	月恩 [illegible] 鳴吠對	大煞 歸忌 白虎
六月	危	母倉 [illegible] 五合 鳴吠對	遊禍
七月	破	月德 四相 [illegible] 鳴吠對	月破 大耗 月刑 天刑
八月	執	四相 解神 五合 [illegible] 鳴吠	劫煞 小耗 歸忌
九月	定	月空 四相 陽德 王日 時陰 臨日 司命 鳴吠對	月厭 地火 死氣 九坎 九焦 了戾
十月	平	天德 時德 相日 六合 五富 不將 聖心 鳴吠對 金堂	河魁 死神 遊禍 五虛 復日 天牢
十一月	滿	月德 時陽 相日 驛馬 天后 天馬 天巫 鳴吠對 不將 福德 福生 五合	五虛 歸忌 白虎
十二月	除	時德 相日 吉期 王宇 五合 金匱 鳴吠對	劫煞 天刑 五虛

冬至後陽遁八門九星圖

日	神煞
庚子	喜神
辛丑	天官　貴人　明堂
壬寅	日建　路空　天刑
癸卯	天乙　路空　貴人　朱雀
甲辰	福星　旬空　貴人　金匱
乙巳	天乙　日害　貴人　日刑　寶光　旬空
丙午	喜神　白虎
丁未	天乙　貴人　明堂
戊申	五不遇　日破　天牢
己酉	元武
庚戌	司命
辛亥	日祿　勾陳　日合

天池計曜不宜出入求財行軍見陣主有禍忌遇急可選吉時出西北乾方休門吉

夏至後陰遁八門九星圖

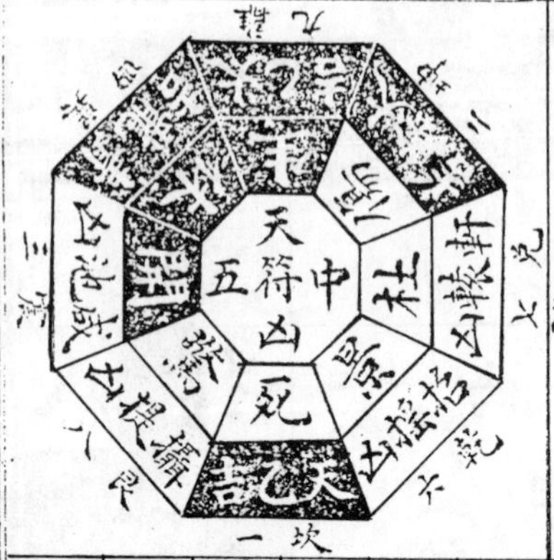

日	神煞
庚子	青龍
辛丑	明堂
壬寅	天刑　路空
癸卯	貴人　朱雀　路空
甲辰	金匱　旬空
乙巳	天德　旬空　貴人　六害
丙午	白虎
丁未	明堂
戊申	日破　天牢　五不遇　驛馬
己酉	元武
庚戌	司命
辛亥	日祿　勾陳　六合

此日宜上官赴任出入求財謁貴拜官選吉時出正南方生門大吉

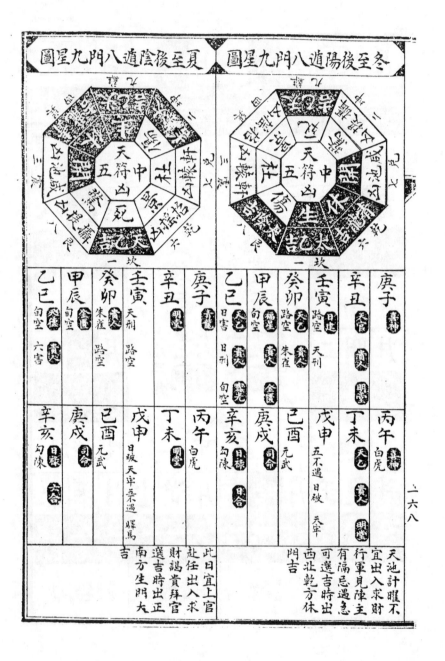

正月壬寅金寶日	宜會親友結婚姻納采問名解除裁衣豎柱上梁立券交易納財牧養納畜安葬啟攢
二月壬寅金寶日	宜裁衣築隄防經絡醞釀立券交易納財補垣塞穴栽種牧養納畜破土啟攢
三月壬寅金寶日	宜上冊受封上表章襲爵受封會親友入學出行上官赴任臨政親民結婚姻納采問名嫁娶移徙解除求醫療病裁衣修造動土豎柱上梁修倉庫開市立券交易修置產室安碓磑栽種牧養納畜
四月壬寅金寶日	宜捕捉
五月壬寅金寶日	宜上表章襲爵受封會親友入學出行上官赴任臨政親民結婚姻納采問名嫁娶進人口求醫療病裁衣築隄防修造動土豎柱上梁修倉庫經絡醞釀開市立券交易納財安碓磑栽種牧養納畜破土啟攢
六月壬寅金寶日	宜會親友結婚姻安床經絡醞釀開市立券交易納財開倉庫出貨財栽種牧養納畜破土啟攢
七月壬寅金寶日	宜沐浴
八月壬寅金寶日	宜沐浴捕捉
九月壬寅金寶日	諸事不宜

十月壬寅金寶日

宜上册受封上表章襲爵受封會親友出行上官赴任臨政親民結婚姻納采問名嫁娶進人口移徙裁衣修造動土豎柱上梁修倉庫經絡醞釀開市立券交易納財開倉庫出貨財修飾垣牆平治道塗栽種牧養納畜

十一月壬寅金寶日

宜上册受封上表章襲爵受封會親友出行上官赴任臨政親民結婚姻納采問名嫁娶進人口解除求醫療病裁衣修造動土豎柱上梁修倉庫經絡開市立券交易納財開倉庫出貨財補垣塞穴栽種牧養納畜破土安葬啟攢

十二月壬寅金寶日

宜沐浴掃舍宇

按壬寅為丁命真天官天財歲德壬命文昌壽星貴人甲辛命同取旺於冬令子命為福星天貴月財文昌驛馬　丑命為太陽天財催官　寅卯命平　辰命為福星催官生氣續世驛馬　午命為益後天喜三合　未命為富星天財天印　酉命為紫微　戌命為三合　亥命為天福天田天錢六合金匱天寶

巳申命值刑沖破害忌　又丁巳酉丑命劫煞日俱忌用

壬寅日喜神正南方　貴神東北方　丁與壬合　壬生乙木

壬寅年歲德在壬　歲德合在丁　歲祿在亥　歲馬在申　陽貴人在卯　陰貴人在巳

壬魁丙火　丙申命為天魁地沖　又壬申命為比沖俱忌用

金箔金見火畏忌用之文彩

月	建除	吉神	凶神
正月	除	官日 吉期 玉宇 五合 鳴吠對	大時 大敗 咸池 朱雀
二月	建	官日 六儀 福生 明堂 鳴吠對	月建 小時 土府 厭對 招搖
三月	閉	官日 要安 五合 鳴吠對	月害 天吏 致死 血支 勾陳
四月	開	母倉 陰德 時陽 生氣 普護 五合 鳴吠對	災煞 天火 元武
五月	收	母倉 續世 五合 玉堂 鳴吠對	河魁 大時 大敗 咸池 九坎 九焦 血忌 往亡
六月	成	母倉 三合 臨日 寶光 天喜 天醫 敬安 五合 鳴吠對	大煞
七月	危	天德 四相 益後 五合 鳴吠對	天吏 致死 五虛 土符 朱雀
八月	破	月恩 四相 三合 明堂 鳴吠	月破 大耗 災煞 天火 月厭 地火 五虛
九月	執	四相 六合 不將 聖心 五合 鳴吠對	大時 大敗 咸池 小耗 五虛 勾陳
十月	定	民日 三合 時陰 陰德 不將 五合 鳴吠對	死神 元武
十一月	平	民日 五合 玉堂 鳴吠對	天罡 月刑 死神 天吏 致死 天賊 復日
十二月	滿	民日 天巫 福德 天倉 金堂 五合 寶光 鳴吠對	災煞 天火

納音

金箔金

冬至

上元四綠

中元一白

下元七赤

夏至

上元六白

中元九紫

下元三碧

冬至後陽遁八門九星圖

時辰	神煞
壬子	日祿 路空 司命 日刑
癸丑	路空 勾陳
甲寅	青龍
乙卯	天乙 日建 明堂 貴人 福星 貴人
丙辰	喜神 日害 天官 天刑 貴人 旬空
丁巳	天乙 朱雀 貴人 旬空 日馬
戊午	金匱
己未	寶光 五不遇
庚申	白虎
辛酉	玉堂 日破
壬戌	天官 路空 貴人 天牢 日合
癸亥	路空 元武

天台道黃福星天德六合宜出入求財行軍上陣大勝可選吉時出西南坤方開門吉

夏至後陰遁八門九星圖

時辰	神煞
壬子	司命 路空 日祿
癸丑	勾陳 路空
甲寅	青龍
乙卯	明堂 貴人
丙辰	天刑 旬空 六害
丁巳	貴人 朱雀 旬空 驛馬
戊午	金匱
己未	天德 五不遇
庚申	白虎
辛酉	玉堂 日破
壬戌	天牢 路空
癸亥	元武 路空

此日宜上官赴任吉商賈求財得利行軍對敵大勝入學用午時出正東方休門吉

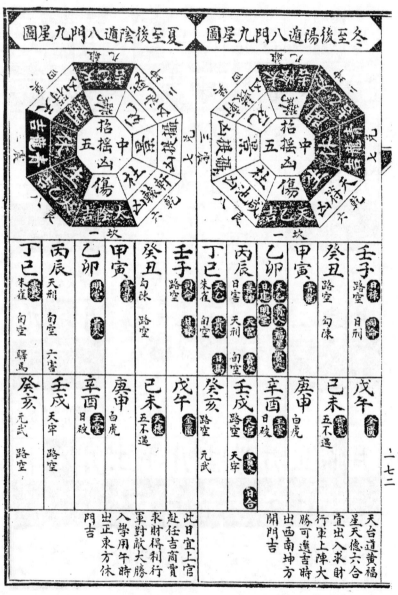

正月癸卯金寶日
宜襲爵受封會親友出行上官赴任臨政親民結婚姻解除沐浴剃頭整手足甲求醫療病立券交易掃舍宇破土啟攢

二月癸卯金寶日
宜祭祀襲爵受封會親友出行上官赴任臨政親民立券交易

三月癸卯金寶日
宜補垣塞穴

四月癸卯金寶日
宜祭祀入學

五月癸卯金寶日
宜祭祀

六月癸卯金寶日
宜上冊受封上表章襲爵受封會親友入學出行上官赴任臨政親民結婚姻納采問名嫁娶進人口移徙求醫療病裁衣築隄防修造動土豎柱上梁修倉庫經絡醞釀開市立券交易納財安碓磑栽種牧養納畜破土啟攢

七月癸卯金寶日
宜祭祀祈福求嗣上冊受封上表章襲爵受封會親友出行上官赴任臨政親民結婚姻納采問名嫁娶移徙安床解除裁衣豎柱上梁立券交易納財開倉庫出貨財牧養納畜安葬啟攢

八月癸卯金寶日
諸事不宜

九月癸卯金寶日
宜祭祀祈福求嗣襲爵受封會親友出行上官赴任臨政親民結婚姻納采問名嫁娶進人口移徙解除求醫療病裁衣修造動土豎柱上梁經絡醞釀捕捉畋獵栽種牧養納畜破土安葬啟攢

十月癸卯寳金日

十一月癸卯寳金日

十二月癸卯寳金日

宜襲爵受封會親友冠帶出行上官赴任臨政親民結婚姻納采問名
嫁娶進人口移徙裁衣修造動土竪柱上梁修倉庫經絡醞釀開市
立券交易納財安碓磑收養納畜破土啟攢

諸事不宜

宜祭祀

按癸卯為下命真催官文曲天財壬命玉堂貴人乙癸命同取旺於冬令
丑命為福星地財天錢生氣天富　寅命為太陽天喜催官　卯命為金匱天財　巳命為
福星天壽　午命為天貴催官續世　未命為金匱太陰地財升天太陽天喜三合　申命
為富星天印益後月財　戌命為紫微六合　亥命為金匱三合
子辰酉命忌用　又丁巳酉丑命哭煞日俱忌用
癸卯日喜神東南方　貴神東南方　戊與癸合　卯與戌合　癸生甲木
癸卯年歲德在戊　歲德合在癸　歲祿在子　歲馬在巳　陽貴人在巳　陰貴人在卯
癸尅丁火　丁酉命為天尅地沖　又癸酉命為比沖俱忌用

納音 覆燈火

冬至 上元五黃 中元二黑 下元八白

夏至 上元五黃 中元八白 下元二黑

八入中宮

月	建除	吉神	凶神
正月	滿	守日 天生 福德 六儀 金堂 金匱	厭對 招搖 九空 九坎 九焦 復日
二月	除	[illegible]	月害 天刑
三月	建	[illegible]	月建 小時 土符 月刑 陽錯
四月	閉	[illegible]	月煞 月虛 血支 五虛 八風
五月	開	[illegible]	五虛 八風 九空 地囊 天牢
六月	收	天德 月德 時德 天馬 [illegible]	天罡 五虛 八風 白虎
七月	成	母倉 三合 [illegible]	月厭 地火 四擊 大煞 血忌 陰錯
八月	危	[illegible]	月煞 月虛 四擊 天刑
九月	破	[illegible]	月破 大耗 四擊 九空 往亡
十月	執	月德 四相 陽德 解神 司命	小耗 天賊 土符
十一月	定	月恩 四相 三合 臨日 時陰 天倉 聖心	死氣 天牢
十二月	平	月空 四相 天馬	河魁 死神 月煞 白虎 月虛

冬至後陽遁八門九星圖

甲子	乙丑	丙寅	丁卯	戊辰	己巳
天牢 貴人	元武	旬空 日祿 喜神 福星 貴人	日害 勾陳 旬空	日刑 日建 青龍	明堂

庚午	辛未	壬申	癸酉	甲戌	乙亥
五不遇 天刑 貴人	朱雀 天乙	路空 金匱	路空 天官 貴人 日合 寶光	日破 白虎	明堂

大敗聖星鬼神不食之日不宜出入求財行軍決戰凶遇急可選吉時出西南坤方開門吉

夏至後陰遁八門九星圖

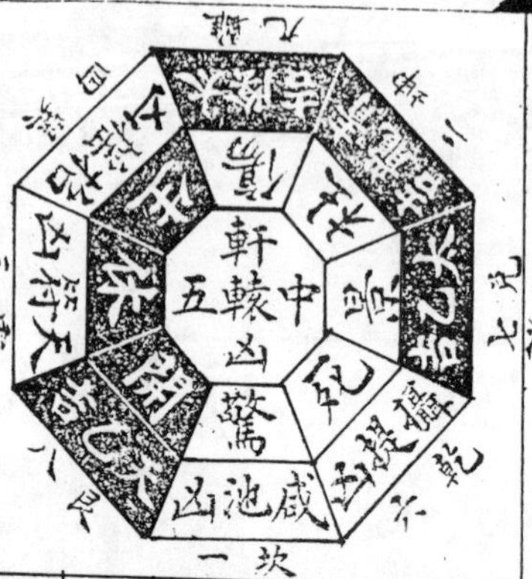

甲子	乙丑	丙寅	丁卯	戊辰	己巳
天牢	元武 貴人	驛馬 司命 旬空 日祿	勾陳 六害 旬空	青龍	明堂

庚午	辛未	壬申	癸酉	甲戌	乙亥
天刑 五不遇	朱雀 貴人	路空 金匱	路空 天德 六合	白虎 日破	玉堂

此日大敗七月忌上官三月忌出行餘月不忌出東北開門吉入學宜用辰時

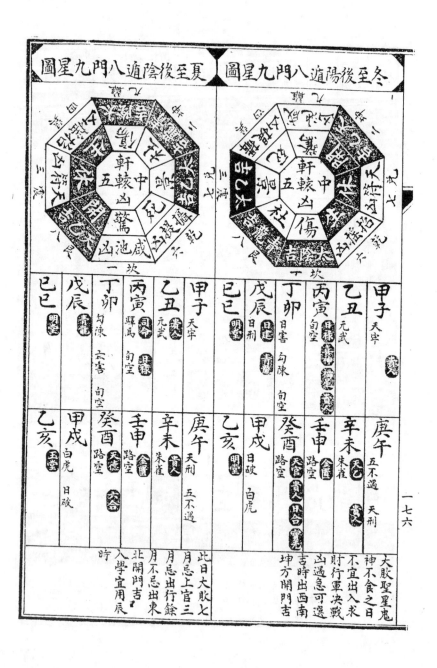

正月甲辰火制日	宜祭祀祈福上冊受封上表章會親友裁衣經絡
二月甲辰火制日	宜祭祀祈福求嗣上冊受封上表章襲爵受封會親友出行上官赴任臨政親民結婚姻納采問名嫁娶移徙解除沐浴剃頭整手足甲裁衣修造動土豎柱上梁修倉庫掃舍宇栽種牧養納畜安葬
三月甲辰火制日	諸事不宜
四月甲辰火制日	諸事不宜
五月甲辰火制日	宜祭祀祈福求嗣上冊受封上表章襲爵受封會親友入學出行上官赴任臨政親民結婚姻納采問名移徙解除求醫療病裁衣豎柱上梁牧養
六月甲辰火制日	宜祭祀祈福求嗣上冊受封上表章襲爵受封會親友赴任出行上官臨政親民結婚姻納采問名嫁娶進人口移徙解除裁衣修造動土豎柱上梁修倉庫納財捕捉栽種牧養納畜安葬
七月甲辰火制日	宜祭祀入學
八月甲辰火制日	諸事不宜

九月甲辰火制日

十月甲辰火制日

十一月甲辰火制日

十二月甲辰火制日

宜祭祀解除沐浴破屋壞垣

宜祭祀祈福求嗣上冊受封上表章襲爵受封會親友上官赴任臨政親民結婚姻納采問名嫁娶移徙解除沐浴剃頭整手足甲求醫療病裁衣竪柱上梁納財捕捉牧養納畜安葬

宜祭祀祈福求嗣上冊受封上表章襲爵受封會親友冠帶出行上官赴任臨政親民結婚姻納采問名嫁娶進人口移徙裁衣修造動土竪柱上梁修倉庫經絡醞釀立券交易納財安碓磑收養納畜

諸事不宜

按甲辰為貴人祿馬不居之地旺於春令

子命為天錢金匱三合　丑命為天福天田升天太陽　寅命為福星天財文昌天富　巳命平　午命為福星天錢天壽生氣金匱　未命為天貴天田　申命為天財催官續世天喜三合富日　酉命為富星天壽六合　亥命為紫微紅鸞益後

卯辰戌命值刑冲破害忌用　又丁巳酉丑命歲煞日俱忌用

甲辰日喜神東北方　貴神正北方　甲與己合　辰與酉合　甲生丁火

甲辰年歲德在甲　歲德合在己　歲祿在寅　歲馬在寅　陽貴人在未　陰貴人在丑

甲尅戊土　戊戌命為天尅地冲　又甲戌命為比冲俱忌用

此火將滅之火有救得令能鑄千斤鐵失令難鎔寸金濕木不能生惟有桑生木稂能發平地木乾辨能助長此火四柱無回無旺無弱惟生助多木弱中受貴人敏地文章中主立

乙巳日

月	值	吉	凶
正月	平	[illegible]	天罡 死神 月刑 月害 遊禍 五虛 重日
二月	滿	日相 驛馬 天后 天巫 福德 聖心	五虛 土符 大煞 往亡 復日 重日 朱雀
三月	除	日相 驛馬 吉期 五富 金堂 明[illegible]	劫煞 五虛 重日
四月	建	月德合 [illegible]	月建 小時 土符 重日 勾陳
五月	閉	王日 玉堂	遊禍 血支 重日 元武
六月	開	王日 驛馬 天后 時陽 生氣 續世 玉堂	月厭 地火 重日
七月	收	[illegible]	河魁 地煞 重日
八月	成	[illegible]	重日 朱雀
九月	危	陰德 續世 明堂	遊禍 天賊 血忌 重日
十月	破	天德 月恩 四相 驛馬 天后 天倉 [illegible]	劫煞 小耗 重日 勾陳
十一月	執	四相 五富 益後	劫煞 小耗 重日 元武
十二月	定	天德合 玉堂 四相 三合 時陰 六儀 月德合	厭對 招搖 死氣 九坎 九焦 重日

納音 覆燈火

冬至 上元六白 中元三碧 下元九紫

夏至 上元四綠 中元七赤 下元一白

入中宮

冬至後陽遁八門九星圖

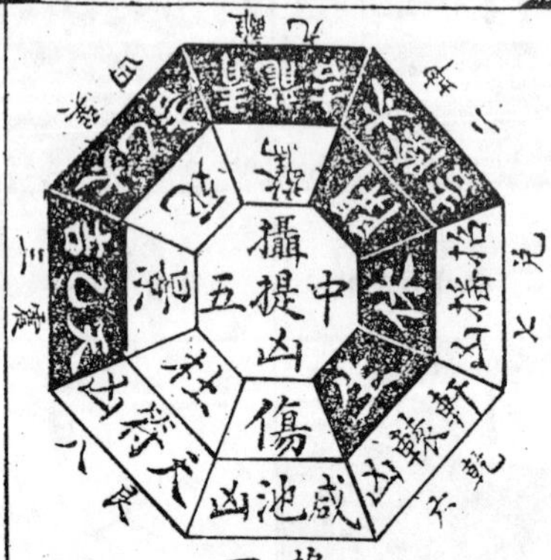

丙子 白虎 天乙 貴人 玉堂	丁丑 福星 貴人 玉堂	戊寅 日祿 日害 天牢 旬空	己卯 日祿 元武 旬空	庚辰	辛巳 日建 五不遇 勾陳
壬午 青龍 路空	癸未 明堂 路空	甲申 天乙 貴人 天官 貴人 日刑 天刑	乙酉 朱雀	丙戌 喜神 金匱	丁亥 福星 貴人 寶光 日破

天福厚星天貴空氣大敗不宜出入求財若行軍決戰大勝可選吉時出西南坤方開門吉

夏至後陰遁八門九星圖

丙子 貴人 白虎	丁丑 玉堂	戊寅	己卯 日祿 元武 旬空	庚辰 司命	辛巳 勾陳 五不遇
壬午 青龍 路空	癸未 明堂 路空	甲申 貴人 天刑	乙酉 朱雀	丙戌 金匱	丁亥 驛馬 日破

此大敗日不宜出行求財上任見貴如遇急事選吉時出東北方生門大吉

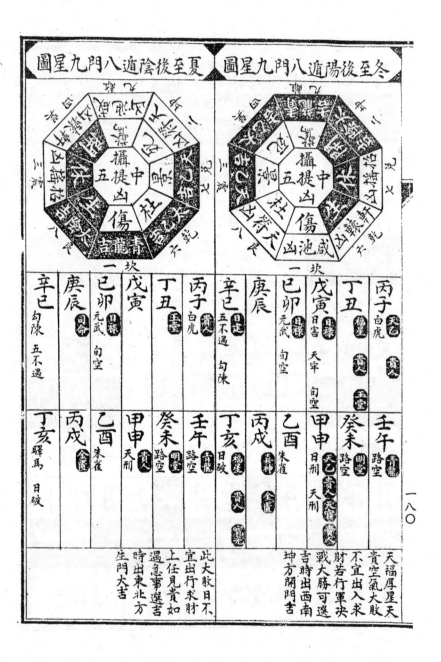

正月乙巳火寶日
宜平治道塗

二月乙巳火寶日
宜祭祀祈福會親友裁衣經絡開市立劵交易納財

三月乙巳火寶日
宜沐浴掃舍宇

四月乙巳火寶日
宜祭祀祈福求嗣上册受封上表章襲爵受封會親友上官赴任臨政
親民結婚姻納采問名嫁娶移徙解除求醫療病裁衣豎柱上梁牧
養納畜

五月乙巳火寶日
宜裁衣築隄防補垣塞穴

六月乙巳火寶日
宜祭祀入學

七月乙巳火寶日
宜會親友結婚姻嫁娶進人口經絡醞釀開市立劵交易納財開倉庫
出貨財捕捉牧養納畜

八月乙巳火寶日
宜祭祀祈福求嗣上册受封上表章襲爵受封會親友入學上官赴任
臨政親民結婚姻納采問名嫁娶進人口移徙解除求醫療病裁衣
築隄防修造動土豎柱上梁修倉庫經絡醞釀開市立劵交易納財
安碓磑牧養納畜

九月乙巳火寶日
宜祭祀安牀畋獵

十月乙巳火寶日

宜祭祀解除求醫療病破屋壞垣

十一月乙巳火寶日

宜祭祀捕捉畋獵

十二月乙巳火寶日

宜祭祀祈福求嗣上冊受封上表章襲爵受封會親友冠帶上官赴任
臨政親民結婚姻納采問名嫁娶進人口移徙解除裁衣修造動土
豎柱上梁修倉庫經絡醞釀開倉庫立券交易納財出貨財安碓磑
牧養納畜

按乙巳為丁命天廚貴人壬命天嗣貴人丙戌癸命同取旺於春令
子命為紫微益後　丑命為天嗣六合　卯命為太陰福星文昌生氣天富驛馬　辰命為
太陽天喜天壽催官　巳命為天錢　午命平　未命為福星驛馬　酉命為月財天喜富
日三合　戌命為富星天印催官續世紅鸞
乙巳日命值刑冲破害　又壬申子辰命劫煞日俱忌用
乙巳日喜神西北方　貴神正北方　乙與庚合　巳與申合　乙生丙火
乙巳年歲德在庚　歲德合在乙　歲祿在卯　歲馬在亥　陽貴人在申　陰貴人在子
乙尅巳土　巳亥命為天尅地冲　又乙亥命為比冲俱忌用
天河水在天無土能尅陰陽文會則甫用得其時資長萬物不得其時百草受殃春夏秋田
稼穡成寶萬民有賴冬水則庚告四往見龍羅天門身近帝都

七月 開	六月 開	五月 建	四月 除
[illegible]	[illegible]	[illegible]	[illegible]
災煞 天火 白虎	天吏 致死 血支 往亡 天牢 逐陣	月建 小時 土府 月刑 土符 月厭 地火 大會 陰錯陽錯	大時 大敗 咸池 復日 歲薄

八月 收	三月 滿
[illegible]	[illegible]
天罡 大時 大敗 咸池 天賊 九坎 九焦	災煞 天火 大煞 天刑

納音

天河水

冬至

上元七赤

中元四綠

下元一白

夏至

上元三碧

中元六白

下元九紫

入中宮

九月 成	二月 平
[illegible]	[illegible]
天刑	河魁 死神 天吏 致死

十月 危	十一月 破	十二月 執	正月 定
[illegible]	[illegible]	[illegible]	[illegible]
天吏 致死 四廢 五虛	厭對 月破 大耗 五虛 災煞 天火 血忌 招搖 四廢 陰陽擊衝	月害 大時 大敗 咸池 小耗 四廢 五虛 天牢	白虎 死氣

冬至後陽遁八門九星圖

戊子	己丑	庚寅	辛卯	壬辰	癸巳
月破	日害	白虎 旬空	旬空	五不遇 路空 天牢	路空 元武

甲午	乙未	丙申	丁酉	戊戌	己亥
月刑 司命	勾陳		貴人	天刑 貴人	朱雀 貴人

地牢太歲孛星不宜出入往來行軍凶遇急可選吉時出正北坎方開門吉

夏至後陰遁八門九星圖

戊子	己丑	庚寅	辛卯	壬辰	癸巳
日破 金匱 明堂	天德 六合	旬空 白虎	旬空	五不遇 路空 天空	元武 旬空

甲午	乙未	丙申	丁酉	戊戌	己亥
日刑	勾陳 司命	驛馬	貴人 明堂	天刑	朱雀 貴人

此日忌上官赴任宜行軍交戰出入求財入學俱用午時出正西方生門吉

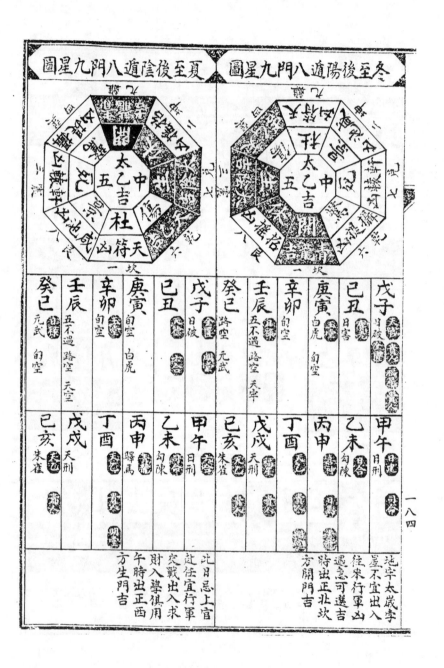

正月丙午 水 專日

二月丙午 水 專日

三月丙午 水 專日

四月丙午 水 專日

五月丙午 水 專日

六月丙午 水 專日

七月丙午 水 專日

八月丙午 水 專日

宜祭祀祈福求嗣上冊受封上表章襲爵受封會親友冠帶出行上官
赴任臨政親民結婚姻納采問名嫁娶進人口移徙解除裁衣修造
動土豎柱上梁修倉庫經絡醞釀開市立券交易納財開倉庫出貨
財安碓磑栽種牧養納畜破土安葬

宜祭祀修飾垣牆平治道塗

宜祭祀

宜祭祀沐浴掃舍宇

諸事不宜

諸事不宜

宜祭祀入學

宜祭祀捕捉

九月丙午專水日
宜祭祀祈福求嗣上册受封上表章襲爵受封會親友入學出行上官
赴任臨政親民結婚姻納采問名嫁娶進人口移徙解除裁衣求醫
療病築隄防修造動土竪柱上梁修倉庫經絡醖釀開市立券交易
納財安碓磑栽種牧養納畜破土安葬

十月丙午專水日
宜祭祀伐木畋獵

十一月丙午專水日
諸事不宜

十二月丙午專水日
宜沐浴剃頭整手足甲伐木捕捉畋獵

按丙午為丁命真專祿進祿壬命武曲天官文魁巳辛命同取旺於夏令
寅命為金匱太陰財星三合　卯命為天財天福天田益後　辰命為福星文昌天富　巳
命為太陽天喜催官　未命為天壽金匱六合　申命為福星月財天錢生氣　酉命為天
貴天財紅鸞　戌命為金匱天壽天喜富日三合　亥命為富星天印
子丑午命忌　又壬申子辰命災煞日俱忌用
丙午日喜神西南方　貴神西北方　丙與辛合　午與未合　丙生巳土
丙午年歲德在丙　歲德合在辛　歲祿在巳　歲馬在申　陽貴人在酉　陰貴人在亥
丙尅庚金　庚子命為天尅地沖　又丙子命為比沖俱忌用
天河水在天無土能尅陰陽交用則兩得其時資長萬物不得其時百草受殃春夏秋甲稼
穡成實冬〻水則寒若四柱見龍躍天門身近帝都

丁未日

七月 閉
月德合 母倉 金堂 玉宇
月煞 月虛 血支 天賊 五虛 八風 八專

六月 建
守日 聖心
月建 小時 土府 八專 元武 陽錯

五月 除
天願 守日 吉期 金堂
復日 八專 勾陳

四月 滿
守日 天相 福德 益後 明堂
月厭 地火 九空 了戾 九坎 九焦 陰錯 大忌 八專

三月 平
天德合 四相 月德合
天罡 死神 月煞 五虛 八專 朱雀

二月 定
月恩 四相 時德 三合 時陰 續世 寶光
死氣 血忌 八專

八月 開
母倉 陰德 時陽 生氣 天倉 青龍
五虛 八風 九空 土符 八專

九月 收
母倉 玉宇
河魁 月刑 五虛 八風 八專 朱雀

十月 成
三合 臨日 天喜 天醫 六儀 福生 明堂
厭對 招搖 四擊 往亡 八專

十一月 危
月德合 要安
月煞 月虛 月害 四擊 八專 勾陳

十二月 破
普護
月破 大耗 四擊 九空 八專 元武 陽破 陰衝

正月 執
天德 四相 敬安 玉堂
小耗 八專

納音
天河水

冬至
上元八白
中元五黃
下元二黑

夏至
上元二黑
中元五黃
下元八白

入中宮

冬至後陽遁八門九星圖

日	神煞
庚子	日害 天刑
辛丑	日破 日刑 朱雀
壬寅	金匱 路空 旬空
癸卯	金匱 路空 五不遇 旬空
甲辰	寶光 白虎
乙巳	日馬 玉堂
丙午	日祿 天牢 喜神 日合
丁未	日建 元武
戊申	司命
己酉	天乙貴人 福星貴人 勾陳
庚戌	
辛亥	明堂 天乙貴人 天官貴人

天上大空亡天禍天哭不宜出入求財行軍主有自退自散過急可選吉時出東北艮方休門吉

夏至後陰遁八門九星圖

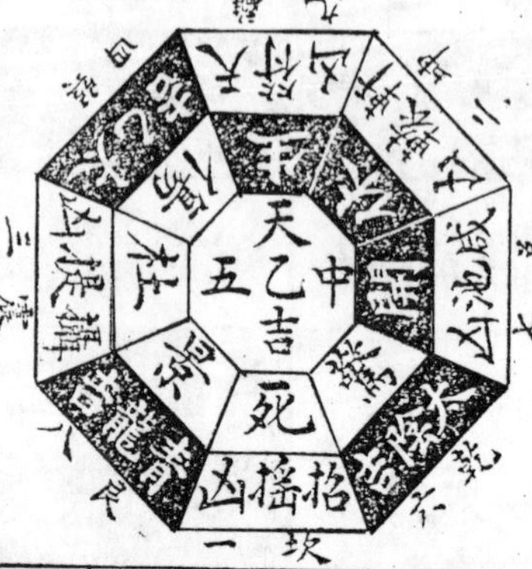

日	神煞
庚子	六合 天刑
辛丑	朱雀 日破
壬寅	金匱 路空 旬空
癸卯	天德 路空 五不遇 旬空
甲辰	白虎
乙巳	玉堂 驛馬
丙午	日祿 天牢
丁未	元武
戊申	司命
己酉	貴人
庚戌	青龍
辛亥	明堂

此日宜上官赴任出行宜貿易販賣得利入學皆用巳時出正南方生門大吉

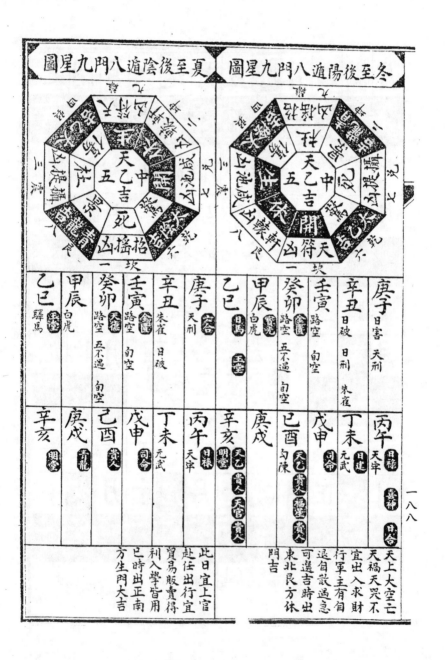

正月丁未水寶日

宜祭祀祈福求嗣上冊受封上表章襲爵受封會親友出行上官赴任
臨政親民移徙解除裁衣修造動土豎柱上梁修倉庫納財開倉庫
出貨財捕魚栽種牧養納畜安葬

二月丁未水寶日

宜祭祀祈福求嗣襲爵受封會親友冠帶出行上官赴任臨政親民進
人口移徙裁衣修造動土豎柱上梁修倉庫經絡醞釀立券交易納
財開倉庫出貨財安碓磑牧養納畜

三月丁未水寶日

宜祭祀平治道塗

四月丁未水寶日

宜祭祀

五月丁未水寶日

宜祭祀祈福求嗣上冊受封上表章襲爵受封會親友出行上官赴任
臨政親民結婚姻納采問名嫁娶進人口移徙解除沐浴整手足甲
裁衣修造動土豎柱上梁修倉庫經絡醞釀開市立券交易納財掃
舍宇栽種牧養納畜

六月丁未水寶日

宜祭祀襲爵受封出行上官赴任臨政親民

七月丁未水寶日

宜祭祀

八月丁未水寶日

宜祭祀祈福求嗣上冊受封上表章襲爵受封會親友入學出行上官
赴任臨政親民移徙解除裁衣豎柱上梁牧養納畜

九月丁未水寶日

宜捕捉畋獵

十月丁未水寶日

宜祭祀祈福會親友入學裁衣築隄防修造動土豎柱上梁修倉庫經絡醞釀開市立券交易納財安碓磑納畜

十一月丁未水寶日

宜祭祀伐木

十二月丁未水寶日

諸事不宜

按丁未為丁命真歲德合壽星壬命催官歲德合戊寅命同取旺於夏令

寅命為紫微天嗣　卯命為地財催官續世三合　辰命為天福天田天錢　巳命為福星財星文昌生氣並後天富　午命為太陽天喜催官六合　未命為月財　申命為紅鸞酉命為福星地財　戌命為天貴天田　亥命為財星天壽天喜三合

子丑命忌用　又壬申子辰命歲煞日俱忌用

丁未日喜神正南方　貴神正南方　丁與壬合　午與未合　丁生戊土

丁未年歲德在壬　歲德合在丁　歲祿在午　歲馬在巳　陽貴人在亥　陰貴人在酉

丁尅辛金　辛丑命為天尅地沖　又丁命為比沖俱忌用

七月除
天德合 天赦 天倉 天喜 不將 除神
月建 小時 土府 五離 天牢

六月建
四相 陽德 相日 吉期 司命 不將 [illegible] 除神
劫煞 天賊 五虛 五離

五月滿
月恩 四相 相日 驛馬 天后 天巫 福德 不將 金堂 青龍
五離 五虛

四月平
四相 相日 六合 玉堂 不將 解神 續世
河魁 死神 月刑 天刑 遊禍 五虛 血忌 五離

三月定
三合 臨日 時陰 敬安 除神 金匱
月厭 地火 死氣 往亡 復日 五離 孤辰

二月執
天馬 要安 解神 除神
劫煞 小耗 五離 白虎

正月破
驛馬 天后 普護 解神 除神
月破 大耗 五離 天牢

十二月危
母倉 陽德 五富 福生 除神 司命
遊禍 五離

十一月成
母倉 三合 天喜 天醫 玉宇 除神 青龍
九坎 九焦 土符 大煞 五離

十月收
母倉 除神
天罡 劫煞 月害 地囊 五離 天刑

九月開
天赦 王日 驛馬 天后 時陽 生氣 六儀 金堂 時陽 金匱
厭對 招搖 復日 五離

八月閉
天赦 王日 天馬 五富 不將 聖心 除神
遊禍 血忌 五離 白虎

納音 大驛土

冬至 上元九紫 中元六白 下元三碧

夏至 上元一白 中元四綠 下元七赤

入中宮

冬至後陽遁八門九星圖

時	神煞
壬子	青龍 路空
癸丑	天乙 路空 貴人
甲寅	日馬 五不遇 日破 日刑 天刑 旬空
乙卯	天官 朱雀 貴人
丙辰	
丁巳	日祿 日合 寶光
戊午	白虎
己未	天乙 貴人 玉堂
庚申	福星 天牢 貴人 [illegible]
辛酉	元武
壬戌	司命 路空
癸亥	路空 日害 勾陳

天上大空亡四廢天運逆央不宜出入行軍往來主見蛇虎傷人遇急可避吉時出正東震方生門吉

夏至後陰遁八門九星圖

時	神煞
壬子	青龍 路空
癸丑	明堂 路空 貴人
甲寅	旬空 天刑 日破 五不遇
乙卯	朱雀 旬空
丙辰	金匱
丁巳	天德 日破
戊午	白虎
己未	玉堂 貴人
庚申	天牢
辛酉	元武
壬戌	司命 路空
癸亥	勾陳 路空 六害

此日宜行軍臨陣交戰大勝出入求財上官赴任皆用巳時出正西方向青龍大吉

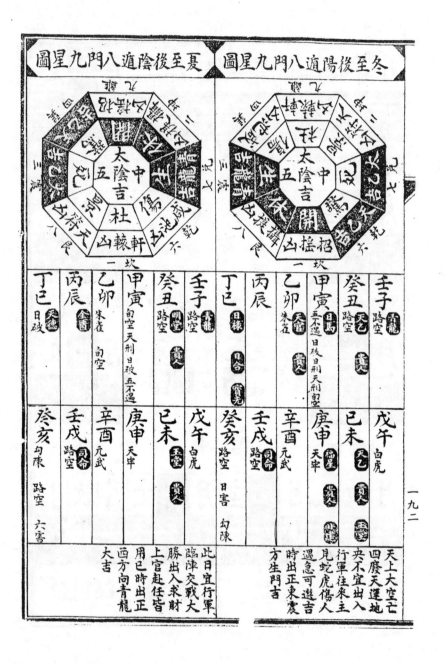

正月戊申土寶日
宜祭祀解除沐浴求醫療病掃舍宇破屋壞垣

二月戊申土寶日
宜沐浴掃舍宇捕捉取魚

三月戊申土寶日
宜沐浴掃舍宇

四月戊申土寶日
宜祭祀沐浴掃舍宇平治道塗

五月戊申土寶日
宜祭祀祈福求嗣上冊受封上表章襲爵受封出行上官赴任臨政親民嫁娶進人口移徙解除沐浴剃頭整手足甲求醫療病裁衣修造動土竪柱上梁經絡開市納財補垣塞穴掃舍宇栽種牧養

六月戊申土寶日
宜祭祀沐浴掃舍宇

七月戊申土寶日
宜祭祀祈福求嗣上冊受封上表章襲爵受封會親友出行上官赴任臨政親民結婚姻納采問名嫁娶進人口移徙解除沐浴剃頭整手足甲求醫療病裁衣竪柱上梁納財掃舍宇牧養納畜安葬

八月戊申土寶日
宜祭祀沐浴剃頭整手足甲裁衣築隄防修倉庫經絡醞釀立券交易納財補垣塞穴掃舍宇栽種牧養納畜安葬

九月戊申土寶日
宜祭祀祈福求嗣上冊受封上表章襲爵受封會親友入學出行上官赴任臨政親民結婚姻納采問名嫁娶移徙解除沐浴剃頭整手足甲求醫療病裁衣修造動土竪柱上梁修倉庫開市修置產室開渠穿井安碓磑掃舍宇栽種牧養納畜

十月戊申土寶日

宜沐浴掃舍宇伐木捕捉畋獵

十一月戊申土寶日

宜襲爵受封會親友入學出行上官赴任臨政親民結婚姻納采問名嫁娶進人口移徙解除沐浴剃頭整手足甲求醫療病裁衣竪柱上梁經絡醞釀開市立券交易納財掃舍宇伐木牧養納畜

十二月戊申土寶日

宜祭祀沐浴剃頭整手足甲經絡醞釀開市納財開倉庫出貨財掃舍宇伐木畋獵栽種牧養納畜

按戊申為壬命真文曲天財乙巳庚命同取旺於四季

子命為升天太陽六合天喜富日　丑命為富星天印天寶　卯命為紫微　辰命為升天太陽天財六合　巳命為天福催官續世　午命為福星月財文昌天嗣驛馬　未命為太陽天喜益後紅鸞催官　申命為天壽金匱　酉命平　戌命為福星天財生炁驛馬

寅亥命忌　又六壬命鄁天丁亥卯未命劫煞日俱忌用

戊申日喜神東南方　貴神正東方　戊與癸合　巳與申合　戊生辛金

戊申年歲德在戊　歲德合在癸　歲祿在巳　歲馬在寅　陽貴人在丑　陰貴人在未

戊尅壬水　壬寅命為天尅地冲　又戊寅命為比冲俱忌用

大驛土乃天地生成用之有法得驛馬貴人臨他太陽臨位定主富貴若休囚死絕主出單丁

己酉日

四月定	五月平	六月滿	七月除
[illegible]	[illegible]	天德合 [illegible]	天德 [illegible] 除神 鳴吠
死氣 地囊 五離 朱雀	天罡 死神 天吏 致死 天賊 五離	災煞 天火 血忌 復日 五離 勾陳	大時 大敗 咸池 九坎 九焦 往亡 五離 元武

三月執	納音 大驛土	八月建
[illegible]	冬至 上元一白 中元七赤 下元四綠	[illegible] 除神 玉堂 鳴吠
大時 大敗 咸池 小耗 五離 土符 五虛	夏至 上元九紫 中元三碧 下元六白	月建 小時 土府 月刑 厭對 五離 招搖 小會
二月破	入中宮	九月閉
天德 天恩 [illegible] 除神 [illegible] 鳴吠		[illegible] 除神 鳴吠
月破 大耗災煞 天火 月厭 地火 五虛 五離 陰道陽衝		月害 天吏 致死 血支 五離

正月危	十二月成	十一月收	十月開
天恩 天德 福生 除神 鳴吠	天恩 母倉 三合 臨日 天德 天醫 除神 鳴吠	天恩 母倉 金堂 除神 明堂 鳴吠	月德合 天恩 母倉 時陽 生氣 聖心 除神 鳴吠
天吏 致死 五虛 五離 元武	大煞 復日 五離 勾陳	河魁 大時 大敗 咸池 五離	災煞 天火 五離 朱雀

冬至後陽遁八門九星圖

甲子	乙丑	丙寅	丁卯	戊辰	己巳
天乙 貴人 司命	勾陳 五不遇	喜神 天官 貴人 [illegible] 白空	明堂 白空 日破	六合 天刑	朱雀

庚午	辛未	壬申	癸酉	甲戌	乙亥
日祿 金匱	福星 貴人 寶光	天乙 貴人 路空 白虎	日建 玉堂 路空 日刑	日害 天牢	日馬 五不遇 元武

天轉地殺不宜出入求財有風雨阻難遇急可選吉時出東南巽方開門吉

夏至後陰遁八門九星圖

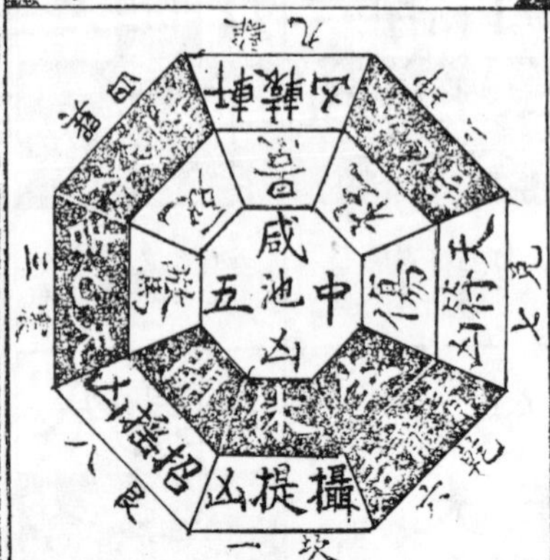

甲子	乙丑	丙寅	丁卯	戊辰	己巳
司命 貴人	勾陳 五不遇	青龍 白空	明堂 白空 日破	六合 天刑	朱雀

庚午	辛未	壬申	癸酉	甲戌	乙亥
金匱 日祿	天德	貴人 白虎	玉堂 日祿	天牢 六害	五不遇 驛馬 元武

此日天恩文昌二星宜入學出行上官到任交易求財選午時出西北生門得利數倍大吉

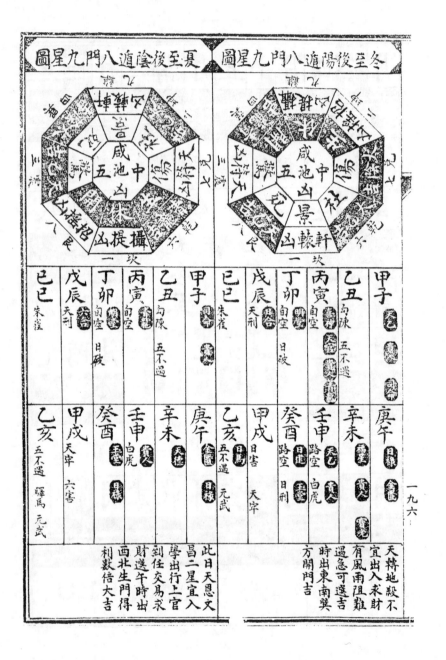

正月已酉土寶日	宜祭祀沐浴剃頭整手足甲掃舍宇取魚破土安葬
二月已酉土寶日	諸事不宜
三月已酉土寶日	宜祭祀祈福結婚姻嫁娶進人口解除沐浴剃頭整手足甲求醫療病經絡醞釀掃舍宇補捉取魚納畜安葬
四月已酉土寶日	宜祭祀祈福求嗣襲爵受封冠帶出行上官赴任臨政親民結婚姻納采問名嫁娶進人口移徙沐浴剃頭整手足甲裁衣竪柱上梁經絡醞釀開市立券交易納財開倉庫出貨財掃舍宇牧養納畜安葬
五月已酉土寶日	宜祭祀沐浴剃頭整手足甲掃舍宇修飾垣牆平治道塗
六月已酉土寶日	宜祭祀祈福求嗣上冊受封上表章襲爵受封出行上官赴任臨政親民結婚姻納采問名嫁娶進人口移徙解除沐浴剃頭整手足甲裁衣修造動土竪柱上梁修倉庫經絡開市立券交易納財開倉庫出貨財補垣塞穴掃舍宇栽種牧養納畜
七月已酉土寶日	宜解除沐浴剃頭整手足甲掃舍宇破土安葬
八月已酉土寶日	諸事不宜
九月已酉土寶日	宜沐浴剃頭整手足甲補垣塞穴掃舍宇

十月己酉土寶日

宜祭祀祈福求嗣上冊受封上表章襲爵受封入學出行上官赴任臨政親民結婚姻納采問名嫁娶移徙解除沐浴剃頭整手足甲裁衣修造動土竪柱上梁修倉庫開市納財修倉庫室開渠穿井并安碓磑掃舍宇栽種牧養納畜

十一月己酉土寶日

宜沐浴剃頭整手足甲掃舍宇捕捉畋獵

十二月己酉土寶日

宜上冊受封上表章襲爵受封入學出行上官赴任臨政親民結婚姻納采問名嫁娶進人口移徙解除沐浴剃頭整手足甲求醫療病裁衣築隄防修造動土竪柱上梁修庫倉經絡醞釀開市立券交易納財安碓磑掃舍宇栽種牧養納畜

按己酉為丁命真文昌天嗣貴人壬命天厨天財丙辛命同取旺於四季

子命為天貴財星天壽　丑命為金匱紅鸞天喜三合富日　寅命為富星天印　辰命為紫微地財六合　巳命為月財天嗣三合　午命為財星天福天田紅鸞　未命為文昌催官生氣續世天富　申命為太陽天喜催官　亥命為福星

卯酉戌命忌　又六丁命郝天丁亥卯未命災煞日俱忌用

己酉日喜神東北方　貴神正北方　甲與己合　辰與酉合　己生庚金

己酉年歲德在申　歲德合在巳　歲祿在午　歲馬在亥　陽貴人在子　陰貴人在申

己魁癸水　癸卯命為天魁地沖　又己卯命為比沖俱忌用

庚戌日

七月 滿
天恩 母倉 陽德 守日 天巫 福德 六儀 敬安 司命
厭對 招搖 天狗 九空 復日

六月 平
月空 天恩 要安 青龍
河魁 死神 月煞 月虛 土府

五月 定
天恩 三合 臨日 時陰 天倉
死氣 天刑

四月 執
月德 天恩 玉堂 解神 金匱
小耗 天賊

八月 除
月恩 天恩 母倉 守日 吉期 續世
月忌 血忌 天牢

三月 破
天恩 月德 天德 福生 解神
月破 大耗 四擊 九空 九焦 九坎 白虎

九月 建
天恩 母倉 月空 守日 天醫
月建 小耗 土府 白虎 陽錯

二月 危
月空 天恩
月煞 月虛 四擊 天牢

納音 釵釧金

冬至
上元二黑
中元八白
下元五黃

夏至
上元八白
中元二黑
下元五黃

入中宮

十月 閉
天恩 月空 天德合 益後 金匱
月煞 月虛 血支 五虛

十一月 開
天恩 時陽 生氣
五虛 九空 往亡 天刑

十二月 收
天德 月陽 天恩 聖心 青龍
天罡 月刑 五虛

正月 成
天恩 陽德 三合 天喜 天醫 司命
月厭 地水 四擊 大煞 陰錯

冬至後陽遁八門九星圖

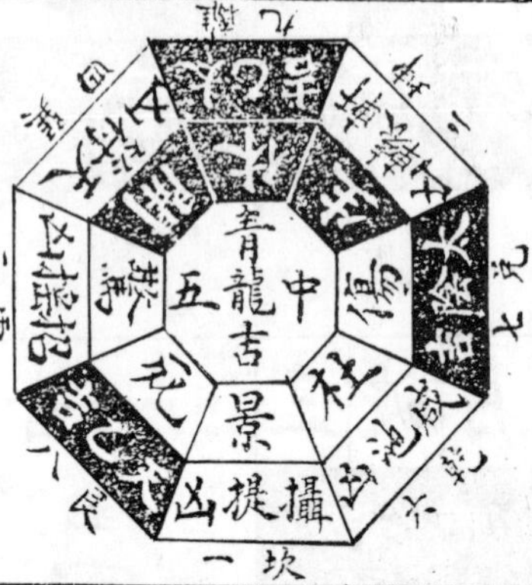

丙子 五不遇	丁丑 天乙 元武 貴人	戊寅 司命 旬空	己卯 日合 勾陳 旬空	庚辰 青龍 日破	辛巳 明堂
壬午 天官 路空 貴人 天刑 福星 貴人	癸未 天乙 路空 貴人 日刑 朱雀	甲申 日祿 日馬 金匱	乙酉 寶光 日害	丙戌 喜神 五不遇 日建 白虎	丁亥 玉堂

天福八專九醜不宜出入求財行軍決戰大凶遇急可選吉時出正南離方休門吉

夏至後陰遁八門九星圖

丙子 天牢 五不遇	丁丑 貴人 元武	戊寅 司命 旬空	己卯 勾陳 旬空	庚辰 青龍 日破	辛巳 明堂
壬午 天刑 路空	癸未 貴人 朱雀 路空	甲申 金匱 驛馬	乙酉 日祿 六害	丙戌 白虎 五不遇	丁亥 玉堂

此日宜上官赴任九月忌出行餘月皆吉如遇急行軍出令交兵選吉時出正北方休門大勝

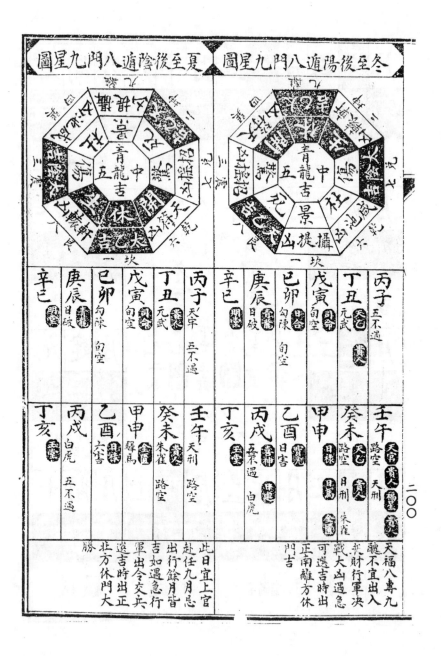

正月庚戌金義日

宜入學

二月庚戌金義日

宜取魚

三月庚戌金義日

宜祭祀解除沐浴求醫療病破屋壞垣

四月庚戌金義日

宜祭祀祈福求嗣上冊受封上表章襲爵受封會親友上官赴任臨政親民結婚姻納采問名嫁娶移徙解除沐浴剃頭整手足甲求醫療病裁衣修造動土豎柱上梁捕捉栽種牧養納畜安葬

五月庚戌金義日

宜祭祀祈福上冊受封上表章襲爵會友冠帶上官赴任臨政親民結婚姻納采問名嫁娶進人口裁衣修造動土豎柱上梁修倉庫醞釀立券交易納財安碓磑納畜

六月庚戌金義日

諸事不宜

七月庚戌金義日

宜上冊受封上表章會親友裁衣補垣塞穴栽種牧養納畜

八月庚戌金義日

宜祭祀祈福求嗣上冊受封上表章襲爵受封會親友出行上官赴任臨政親民結婚姻納采問名嫁娶移徙解除沐浴剃頭整手足甲裁衣修造動土豎柱上梁修倉庫納財掃舍宇栽種牧養納畜安葬

九月庚戌金義日
宜祭祀襲爵受封會親友出行上官赴任臨政親民移徙裁衣納財牧
養納畜

十月庚戌金義日
宜祭祀

十一月庚戌金義日
宜祭祀祈福求嗣會親友入學解除裁衣修造動土豎柱上梁修置產
室開渠穿井安碓磑栽種牧養

十二月庚戌金義日
宜祭祀捕捉

按庚戌乃貴人祿馬不居之地旺於秋令
子命為福星天錢生氣　丑命為財星天田天貴　寅命為天喜天寶富日三合　卯命為
富星天印金匱六合　巳命為紫微天財紅鸞　午命為天錢天嗣三合　申命為福星文
昌天寶天富　戌命為太陰益後　亥命為天財益後
辰未酉命值刑冲破害　又丁亥卯未命歲煞日俱忌用
庚戌日喜神西北方　貴神正南方　乙與庚合　卯與戌合　庚生癸水
庚戌年歲德在庚　歲德合在乙　歲祿在申　歲馬在申　陽貴人在丑　陰貴人在未
庚尅甲木　甲辰命為天尅地冲　又庚辰命為比冲俱忌用
釵釧金不用土生徵用火煉大木不畏小木句忌

辛亥日

正月	收	天恩 母倉 六合 月德合 五富 不將 聖心	河魁 劫煞 重日 勾陳
二月	成	天恩 母倉 三合 臨日 天喜 天醫	重日 元武
三月	危	天恩 母倉 玉堂	遊禍 天賊 重日
四月	破	天德 天恩 驛馬 天后 天倉 金堂 寶光	月破 大耗 往亡 重日
五月	執	月德合 天恩 五富 福生	劫煞 小耗 重日 朱雀
六月	定	天恩 月恩 陰德 時陰 六合 六儀 明堂 玉宇	厭對 招搖 死氣 重日
七月	平	天恩 相日 要安	天罡 勾陳 死神 遊禍 月害 四窮 九虎 五虛 重日
八月	滿	天恩 相日 驛馬 天后 天巫 福德 要安	四窮 九虎 五虛 大煞 復日 重日 元武
九月	除	天恩 相日 吉期 月[illegible] 天德合 五[illegible] 要安 玉堂	劫煞 四窮 九虎 五虛 土符 重日
十月	建	天恩 王日 續世 寶光	月建 小時 土府 月刑 九坎 九焦 血忌 重日
十一月	閉	天恩 王日	遊禍 血支 重日 朱雀
十二月	開	天恩 月恩 陰德 上日 驛馬 天后 時陽 生氣 益後 明堂	月厭 地火 重日

納音
釵釧金

冬至
上元三碧
中元九紫
下元六白

夏至
上元七赤
中元一白
下元四綠

入中宮

冬至後陽遁八門九星圖

日	注
戊子	白虎
己丑	玉堂
庚寅	天乙 天牢 貴人 句空 六合
辛卯	元武 句空
壬辰	路空
癸巳	天官 路空 貴人 日破 福星 句陳 貴人 驛馬
甲午	天乙 貴人 青龍
乙未	明堂
丙申	喜神 日害 天刑
丁酉	五不遇 朱雀
戊戌	金匱
己亥	日建 日刑 寶光

天恩天福章星五福黃道月開生氣顯星宜出入見官行軍見陣大勝可選吉時出正南離方休門吉

夏至後陰遁八門九星圖

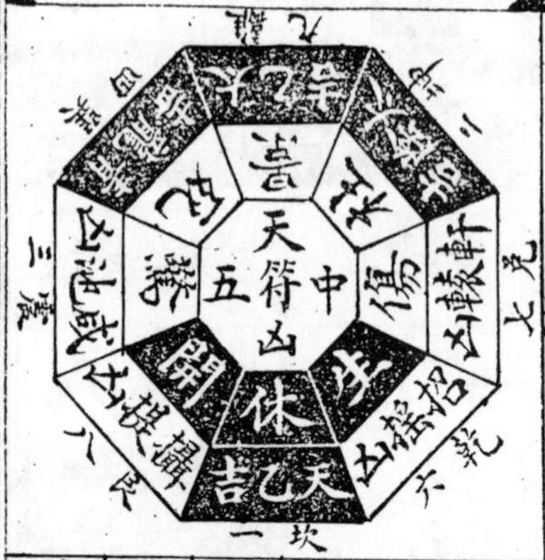

日	注
戊子	白虎
己丑	玉堂
庚寅	天乙 天牢 貴人 路空 青龍
辛卯	元武
壬辰	司命 路空
癸巳	驛馬 句陳 日破 路空
甲午	青龍 天乙 貴人
乙未	明堂
丙申	天刑
丁酉	朱雀 五不遇
戊戌	金匱
己亥	天德

此日宜上官赴任臨政親民宜出入求財行軍見陣大獲全勝用午時向正北休門大吉

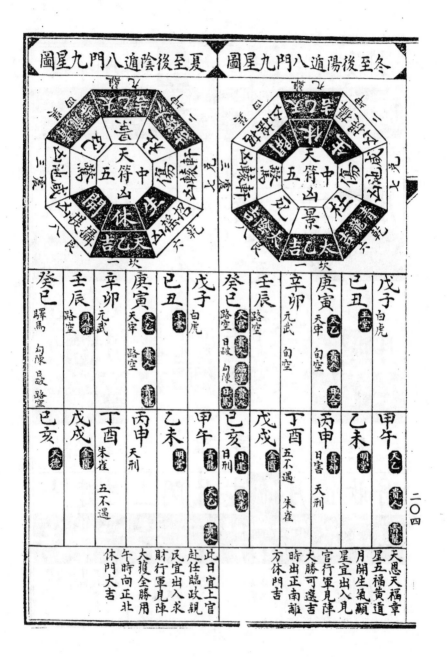

正月辛亥金寶日

宜祭祀祈福求嗣上册受封上表章襲爵受封會親友出行上官赴任臨政親民結婚姻納采問名進人口移徙解除沐浴裁衣修造動土豎柱上梁修倉庫經絡開市立券交易納財開倉庫出貨財捕捉栽種牧養納畜

二月辛亥金寶日

宜上册受封上表章襲爵受封會親友出行上官赴任臨政親民入學結婚姻納采問名進人口移徙沐浴求醫療病裁衣築隄防修造動土豎柱上梁修倉庫經絡開市立券交易納財安碓磑栽種牧養納畜

三月辛亥金寶日

宜會親友安床沐浴納財取魚栽種牧養納畜

四月辛亥金寶日

宜祭祀沐浴解除破屋壞垣

五月辛亥金寶日

宜祭祀沐浴捕捉

六月辛亥金寶日

宜祭祀祈福求嗣襲爵受封會親友冠帶出行上官赴任臨政親民結婚姻納采問名進人口移徙沐浴裁衣修造動土豎柱上梁修倉庫經絡立券交易納財開倉庫出貨財安碓磑牧養納畜

七月辛亥金寶日

宜祭祀沐浴修飾垣牆平治道塗

八月辛亥金寶日

宜祭祀祈福上册受封上表章會親友出行移徙沐浴裁衣經絡補垣塞穴

九月辛亥金寶日

宜祭祀祀福求嗣上册受封上表章襲爵受封會親友出行上官赴任
臨政親民移徙解除沐浴剃頭整手足甲裁衣竪柱上梁經絡掃舍
宇牧養納畜

十月辛亥金寶日

宜祭祀沐浴

十一月辛亥金寶日

宜沐浴裁衣築隄防補垣塞穴

十二月辛亥金寶日

宜祭祀入學沐浴

按辛亥為丁命真文曲玉堂貴人辛命專祿天祿丙寅命同取旺於秋令
子命平　丑命為福星天壽益後驛馬　寅命為天貴天田六合　卯命為太陰月財升天
太陽天喜富日金匱三合　辰命為富星天嗣天印紅鸞　午命為紫微　未命為三合
酉命為福星文昌生氣天富驛馬　戌命為太陽天喜催官
巳申亥命忌　又壬寅午戌命劫煞日俱忌用
辛亥日喜神西南方　貴神西北方　丙與辛合　寅與亥合　辛生壬水
辛亥年歲德在丙　歲德合在辛　歲祿在酉　歲馬在巳　陽貴人在寅　陰貴人在午
辛尅乙木　乙巳命為天尅地沖　又辛巳命為比沖俱忌用

壬子日

七月 定
月德 天恩 月恩 四相 時德 民日 三合 鳴吠對 臨日 時陰 福生 青龍
死氣

六月 執
天恩 金堂 解神 鳴吠
九坎 月害 大時 大敗 咸池 小耗 四廢 五虛 天刑 歸忌 九焦

五月 破
月空 天恩 [illegible] 解神 金匱 鳴吠對
五虛 月破 大耗 災煞 天火 四廢 厭對 招搖 陰陽擊

四月 危
天恩 天馬 鳴吠對 [illegible]
天吏 致死 四廢 五虛 白虎

三月 成
天德 月德 天恩 母倉 天醫 三合 天喜 鳴吠 天倉
四耗 歸忌 天牢

八月 平
天恩 四相 時德 陽德 民日 玉堂 司命 鳴吠對
河魁 天吏 死神 致死 往亡

納音 桑柘木

冬至 上元四綠 中元六白 下元七赤

夏至 上元六白 中元九紫 下元三碧

入中宮

二月 收
天恩 母倉 陽德 司命 鳴吠
天罡 月刑 大時 大敗 咸池 天賊 四耗

九月 滿
天恩 四相 時德 民日 天巫 福德 普護 鳴吠對
災煞 天火 大煞 歸忌 天牢

正月 開
天德合 月空 天恩 母倉 時陽 生氣 益後 青龍 鳴吠對
災煞 天火 四耗

十二月 閉
天恩 官日 六合 續世 鳴吠對
天吏 致死 血忌 四忌 六蛇 天刑 土符 逐陳 歸忌 血忌

十一月 建
月德 天恩 官日 敬安 金匱 鳴吠對
月建 小時 土府 月厭 地火 六蛇 大會 四忌 陰陽俱錯

十月 除
天恩 官日 天馬 吉期 要安 鳴吠對
大時 大敗 咸池 四忌 六蛇 白虎 復日 歲薄

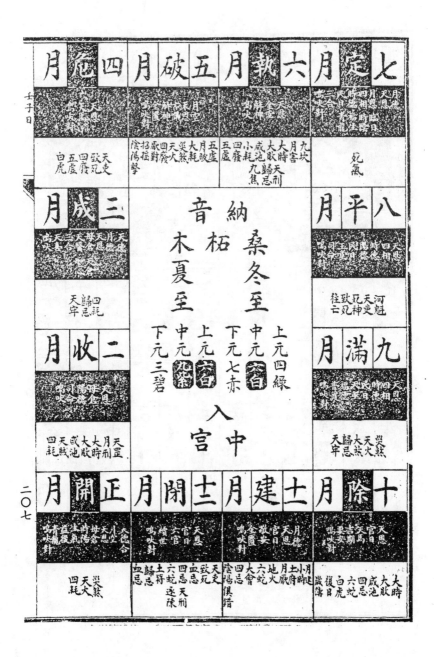

冬至後陽遁八門九星圖

日	吉神	凶神
庚子	日建 金匱	
辛丑	天官 貴人 寶光 日合	
壬寅	日馬	路空 白虎 旬空
癸卯	天乙 貴人 明堂	路空 日刑 旬空
甲辰	福星 貴人	
乙巳	天乙 貴人	元武
丙午	喜神 司命	日破
丁未	天官 貴人	日害 勾陳
戊申	青龍	五不遇
己酉	明堂	
庚戌		天刑
辛亥	日祿	朱雀

天瑞天恩天德月合金星文龍玉堂宜出入求財行軍決戰大勝可選吉時出正北坎方休門吉

夏至後陰遁八門九星圖

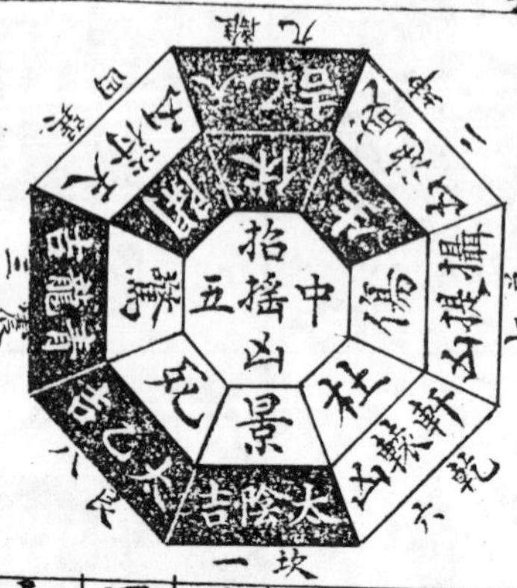

日	吉神	凶神
庚子	金匱	
辛丑	天德	
壬寅		旬空 白虎 驛馬 路空
癸卯	玉堂 貴人	旬空 路空
甲辰		天牢
乙巳	貴人	元武
丙午	司命	日破
丁未		勾陳 六害
戊申	青龍	五不遇
己酉	明堂	
庚戌		天刑
辛亥	日祿	朱雀

此日宜上官赴任二年自得高陞出行求財見官謁貴行軍決戰大勝選丑時出正南休門吉

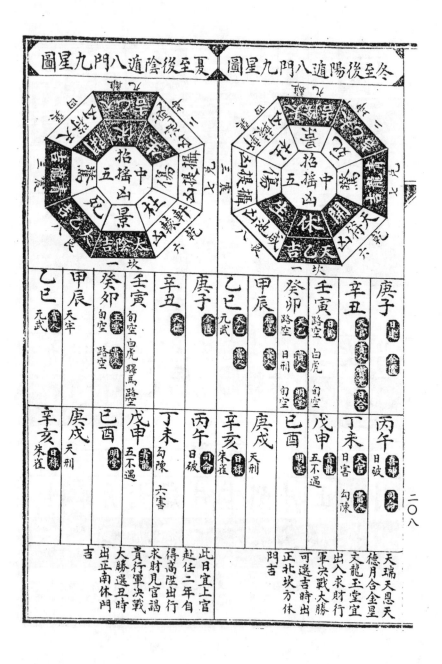

正月壬子 木專日

宜祭祀祈福求嗣上册受封上表章襲爵受封會親友入學出行上官赴任臨政親民結婚姻納采問名嫁娶移徙解除沐浴裁衣修造動土豎柱上梁修倉庫開市立券修置產室安碓磑栽種牧養納畜

二月壬子 木專日

諸事不宜

三月壬子 木專日

宜祭祀祈福求嗣上册受封上表章襲爵受封會親友入學出行上官赴任臨政親民結婚姻納采問名嫁娶進人口解除沐浴求醫療病裁衣築隄防修造動土豎柱上梁修倉庫經絡醞釀開市立券交易納財安碓磑栽種牧養納畜破土安葬啟攢

四月壬子 木專日

宜沐浴

五月壬子 木專日

諸事不宜

六月壬子 木專日

宜沐浴剃頭整手足甲捕捉

七月壬子 木專日

宜祭祀祈福求嗣上册受封上表章襲爵受封會親友冠帶出行上官赴任臨政親民結婚姻納采問名嫁娶進人口移徙解除沐浴裁衣修造動土豎柱上梁修倉庫經絡開市醞釀立券交易納財開倉庫出貨財安碓磑栽種牧養納畜破土安葬啟攢

八月壬子 木專日

宜祭祀沐浴修飾垣牆平治道塗

九月壬子木專日　宜祭祀沐浴

十月壬子木專日　宜沐浴掃舍宇

十一月壬子木專日　諸事不宜

十二月壬子木專日　宜祭祀沐浴

按壬子為癸命真專祿催官天祿乙巳命同取旺於冬令

子命為天財催官金匱　丑命為續世六合　寅命為太陰月財天錢昇天太陽生氣益後

辰命為金匱富日天喜三合　巳命為富星天印　申命為金匱天錢三合　酉命為天寶

天福天田　戌命為金匱天嗣天富文昌　亥命為太陽天喜催官

卯午未命值刑冲破害　又壬寅午戌命災煞日俱忌用

壬子日喜神正南方　貴神東北方　丁與壬合　子與丑合　壬生乙木

壬子年歲德在壬　歲德合在丁　歲祿在亥　歲馬在寅　陽貴人在卯　陰貴人在巳

壬尅丙火　丙午命為天尅地冲　又壬午命為比冲俱忌用

桑柘木賴土而生多水榮茂小金能尅春生夏長秋收冬藏用之得時發達甚遠失時多生

枯槁

癸丑日

七月 執
天恩 天德 母倉 四相 明堂
小耗 歸忌 八專 觸水龍

六月 破
天恩
月破 大耗 月刑 四擊 朱雀 九空 八專 觸水龍 陽破陰衝

五月 危
天恩 陰德 聖心 寶光
月煞 月虛 月害 四擊 八專 觸水龍

四月 成
天恩 三合 臨日 天喜 天醫 六儀 玉堂
厭對 招搖 四擊 歸忌 八專 觸水龍

八月 建
天恩 母倉 月恩 四相 三合 時陰 金堂
死氣 八專 勾陳 觸水龍

三月 收
天恩 益後
河魁 五虛 觸水龍 元武 八專

納音 桑柘木

冬至 上元五黃 中元二黑 下元八白

夏至 上元五黃 中元八白 下元二黑

入中宮

九月 平
天恩 母倉 四相 福生
天罡 死神 月煞 月虛 八專 元武 觸水龍

二月 開
天德 時陰 生氣 天倉 敬安
五虛 九空 九坎 九焦 地囊 八專 勾陳 觸水龍

十月 滿
天恩 守日 天巫 福德 玉宇 玉堂
月厭 地火 九空 大煞 歸忌 八專 了戾 陰錯 觸水龍

十一月 除
天願 天恩 陰德 守日 吉期 六合 普護 寶光
復日 八專 觸水龍

十二月 建
天恩 守日 要安
月建 小時 土府 往亡 八專 朱雀 陽錯 觸水龍

正月 閉
天恩 續世 時堂
月煞 月虛 血支 血忌 天賊 八專 五虛 土符 歸忌 觸水龍

冬至後陽遁八門九星圖

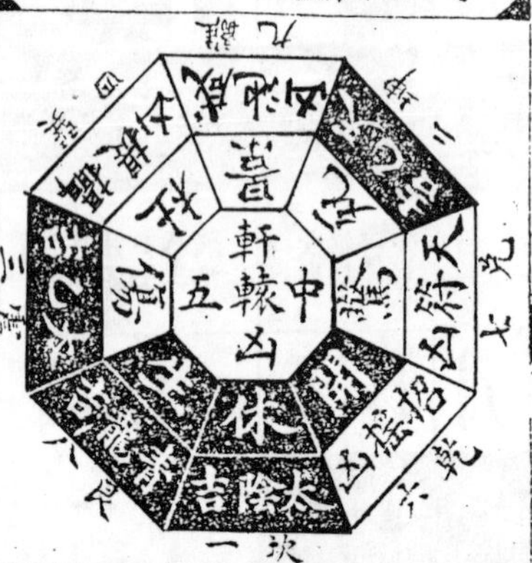

日	注	標記
壬子	路空 天刑	日祿 日合
癸丑	路空 朱雀	月建
甲寅	句空	金匱
乙卯	句空	天乙 寶光 貴人 福生
丙辰	白虎	日德 天官 貴人
丁巳		天乙 貴人 玉堂
戊午	日害 天牢	
己未	五不遇 日破 元武	
庚申		司命
辛酉	勾陳	
壬戌	路空 日刑	天官 貴人 青龍
癸亥	路空	日馬 明堂

天恩五明顯星將星宜出人求財見官行兵決戰大勝獲糧可選吉時出正北坎方休門吉

夏至後陰遁八門九星圖

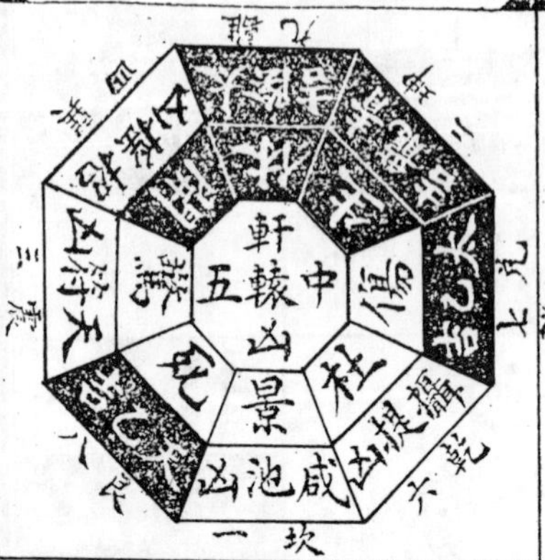

日	注	標記
壬子	天刑 路空	日祿
癸丑	朱雀 路空	
甲寅	句空	金匱
乙卯	句空	天德
丙辰	白虎	
丁巳		玉堂 天乙 貴人
戊午	天牢 六害	
己未	五不遇 日破 元武	
庚申		司命
辛酉	勾陳	
壬戌	路空	青龍
癸亥	驛馬 路空	明堂

此日宜上官赴任出行交易求財見官謁貴出兵決戰大勝獲糧宜用巳時出西南方生門吉

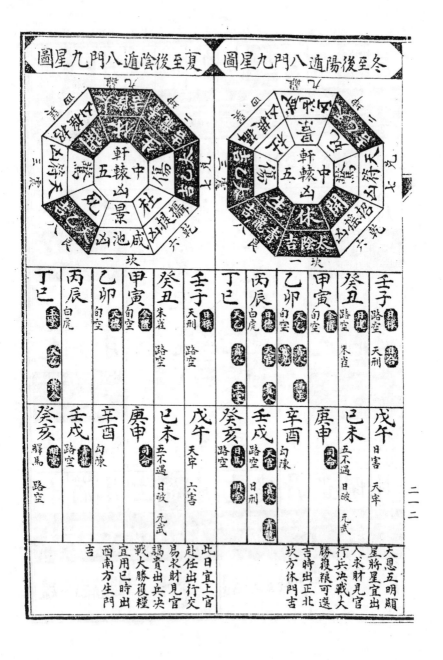

正月癸丑伐木日

諸事不宜

二月癸丑伐木日

宜祭祀祈福求嗣上册受封上表章襲爵受封會親友入學出行上官赴任臨政親民移徙解除求醫療病裁衣豎柱上梁牧養納畜

三月癸丑伐木日

宜祭祀進人口納財捕捉納畜

四月癸丑伐木日

宜上册受封上表章襲爵受封會親友入學出行上官赴任臨政親民進人口求醫療病裁衣築隄防修造動土豎柱上梁修倉庫經絡醞釀開市立券交易納財安碓磑納畜

五月癸丑伐木日

宜祭祀

六月癸丑伐木日

諸事不宜

七月癸丑伐木日

宜祭祀祈福求嗣上册受封上表章襲爵受封會親友出行上官赴任臨政親民解除沐浴療病裁衣修造動土豎柱上梁修倉庫納財開倉庫出貨財捕捉栽種牧養納畜安葬

八月癸丑伐木日

宜祭祀祈福求嗣上册受封會親友出行上官赴任臨政親民進人口移徙裁衣修造動土豎柱上梁修倉庫經絡醞釀立券交易納財開倉庫出貨財安碓磑牧養納畜

九月癸丑伐木日

諸事不宜

十月癸丑木伐日

宜祭祀

十一月癸丑木伐日

宜祭祀祈福求嗣上冊受封上表章襲爵受封會親友出行上官赴任臨政親民結婚姻納采問名嫁娶進人口移徙解除沐浴剃頭整手足甲求醫療病裁衣修造動土豎柱上梁修倉庫經絡醞釀開市立券交易納財掃舍宇栽種牧養納畜

十二月癸丑木伐日

宜會親友

按癸丑為戊命真玉堂貴人　癸命催官歲德合　甲庚命同取旺於冬令

子命為太陽天喜地財續世催官六合　丑命為月財太陰　寅命為天壽催官續世紅鸞

卯命為天錢福星　辰命為天貴天田天錢益後　巳命為天喜三合　申命為紫微

酉命為天錢三合　亥命為福星文昌天嗣生炁天富

午未戌命值刑沖破害　又壬寅午戌命歲煞日俱忌用

癸丑日喜神東南方　貴神東南方　戊與癸合　子與丑合　癸生甲木

癸丑年歲德在戊　歲德合在癸　歲祿在子　歲馬在亥　陽貴人在巳　陰貴人在卯

癸尅丁火　丁未命為天尅地沖　又癸未命為比沖俱忌用

甲寅日

四月 收
月[illegible] 母倉 敬安 五合 鳴吠
天罡 劫煞 月害 土符 八專 天牢

五月 成
母倉 三合 天馬 天喜 天醫 [illegible] 五合 鳴吠對
大煞 歸忌 八專 白虎

六月 危
月德 天[illegible] 母倉 五富 [illegible] 金匱 鳴吠對
遊禍 八專

七月 破
驛馬 天后 普護 解神 五合 鳴吠對
月破 大耗 月刑 四廢 八專 天刑

三月 開
王日 驛馬 天后 時陽 生氣 六儀 五合 鳴吠對
陽德 續世 司命
厭對 招搖 血忌 八專

八月 執
月空 解神 五合 青龍 鳴吠對
劫煞 小耗 四廢 歸忌 八專

納音
大溪水
冬至
上元六白
中元三碧
下元九紫
夏至
上元四綠
中元七赤
下元一白
入中宮

二月 閉
月德 王日 五富 [illegible] 五合 青龍 鳴吠對
遊禍 血支 歸忌 八專

九月 定
陽德 三合 臨日 時陰 五合 司命 鳴吠
月厭 地火 死氣 四廢 孤辰 九坎 九焦 八專 陰錯

正月 建
王日 天倉 要安 五合 鳴吠
月建 小時 土府 往亡 復日 八專 天刑 陽錯

十二月 除
四相 時德 相日 吉期 玉宇 五合 青龍 鳴吠對
劫煞 天賊 五虛 八專 八風

十一月 滿
天馬 月恩 四相 時德 相日 驛馬 天后 天巫 鳴吠對
福德 福生 五合
五虛 八專 歸忌 八風 白虎

十月 平
月德 四相 時德 相日 六合 五富 五命 金堂 鳴吠對
河魁 死神 遊禍 五虛 八風 八專 天牢

冬至後陽遁八門九星圖

日	神煞
甲子	青龍 旬空
乙丑	天乙 旬空 貴人 明堂
丙寅	日祿 天刑 喜神 福星 貴人
丁卯	朱雀
戊辰	金匱
己巳	玉堂 日害 日刑
庚午	五不遇 白虎
辛未	天乙 貴人 玉堂
壬申	日馬 路空 日害 天牢
癸酉	天官 路空 貴人 元武
甲戌	司命
乙亥	日合 勾陳

五福顯星六合天祿黃道文龍宜出入求財見陣行軍決戰大勝可選吉時出東北艮方生門吉

夏至後陰遁八門九星圖

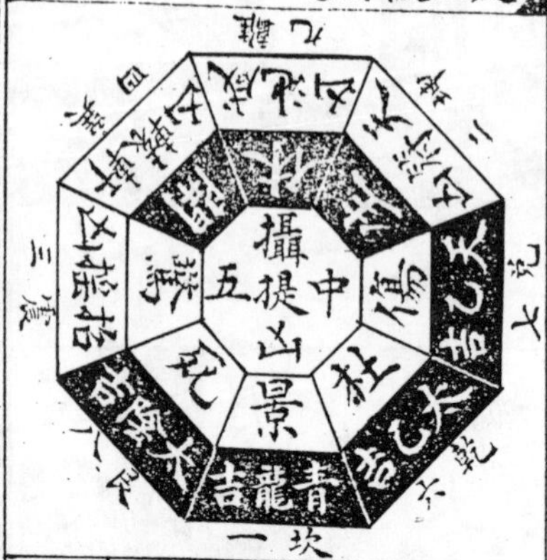

日	神煞
甲子	青龍 旬空
乙丑	明堂 旬空 貴人
丙寅	日祿 天刑
丁卯	朱雀
戊辰	金匱
己巳	天德 六害
庚午	白虎 五不遇
辛未	玉堂 貴人
壬申	日破 天牢 驛馬 路空
癸酉	路空 元武
甲戌	司命
乙亥	六合 勾陳

此日宜上官赴任出行求財行軍見陣決戰大勝入學宜用辰時向西南生門吉

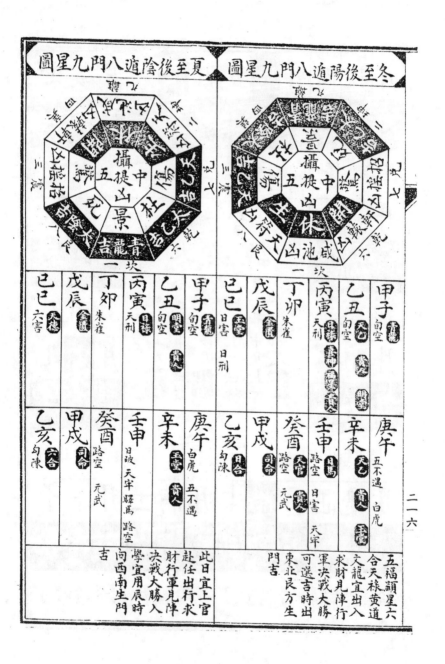

正月甲寅水專日
宜會親友裁衣立券交易納財納畜

二月甲寅水專日
宜裁衣築隄防修倉庫經絡醞釀立券交易納財補垣塞穴栽種牧養
納畜破土安葬啟攢

三月甲寅水專日
宜上冊受封上表章襲爵受封會親友入學出行上官赴任臨政親民
移徙解除求醫療病裁衣修造動土豎柱上梁開市立券交易修置
產室開渠穿井安碓磑栽種牧養

四月甲寅水專日
宜捕捉

五月甲寅水專日
宜襲爵受封會親友入學出行上官赴任臨政親民進人口求醫療病
裁衣築隄防修造動土豎柱上梁開市立券交易修倉庫經絡醞釀
納財安碓磑栽種牧養納畜破土啟攢

六月甲寅水專日
宜上冊受封上表章襲爵受封會親友出行上官赴任臨政親民移徙
安牀裁衣修造動土豎柱上梁修倉庫經絡醞釀開市立券交易納
財栽種牧養納畜破土安葬啟攢

七月甲寅水專日
諸事不宜

八月甲寅水專日
宜沐浴捕捉

九月甲寅水專日
諸事不宜

十月甲寅水專日

宜上册受封上表章襲爵受封會親友出行上官赴任臨政親民進人口移徙修造動土裁衣豎柱上梁經絡醞釀修倉庫開市立劵納財交易修飾垣牆平治道塗牧養納畜破土安葬啟攢

十一月甲寅水專日

宜上册受封上表章襲爵受封會親友出行上官赴任臨政親民進人口解除求醫療病裁衣修造動土豎柱上梁經絡開市立劵交易納財補垣塞穴栽種牧養破土啟攢

十二月甲寅水專日

宜沐浴掃舍宇

按甲寅為戌命真催官天財黄甲文曲貴人甲辛命同取旺於春令

子命為福星天貴月財文昌驛馬　丑命為太陽天喜天財催官　寅卯命平　辰命為福星催官生氣續世驛馬　午命為益後天喜三合　未命為富星天財天印　酉命為紫微　戌命為三合　亥命為天福天田天錢六合金匱天寶

巳申命值刑冲破害　又癸巳酉丑命劫煞日俱忌用

甲寅日喜神東北方　貴神正東方　甲與巳合　寅與亥合　甲生丁火

甲寅年歲德在甲　歲德合在巳　歲祿在寅　歲馬在申　陽貴人在未　陰貴人在丑

甲魁戊土　戊申命為天魁地冲　又甲申命為比冲俱忌用

大溪水能潤沙中草木無金增助清如同天金多水盛百物受傷土少水多難歉阻滯四柱木局重見滿白暢茂金器助

月	建除	吉神	凶煞
四月	開	母倉 陰德 時德 生氣 普護 五合 官日 鳴吠對	災煞 天火 四耗 元武
五月	收	母倉 續世 五合 玉堂 鳴吠	河魁 大時 大敗 咸池 四耗 血忌 往亡 九坎 九焦
六月	成	母倉 三合 天喜 臨日 天醫 敬安 五合 寶光 鳴吠對	四耗 大煞
七月	危	益後 五合 鳴吠	天吏 致死 四廢 五虛 土符 朱雀 三陰
三月	閉	官日 要安 五合 鳴吠對	月害 天吏 致死 血支 勾陳
八月	破	月德合 五合 明堂 鳴吠對	月破 大耗 災煞 天火 五虛 月厭 陰錯 地火 四廢
二月	建	六儀 福生 五合 明堂 鳴吠	月建 小時 土府 厭對 招搖 復日 陽錯
九月	執	六合 聖心 五合 鳴吠	大時 大敗 咸池 小耗 四廢 五虛 勾陳
正月	除	官日 吉期 玉宇 五合 鳴吠	大時 大敗 咸池 朱雀
十二月	滿	天德合 月德合 四相 民日 天巫 天德 金堂 寶光 鳴吠對 天倉 五合	災煞 天火 地囊
十一月	平	四相 民日 五合 玉堂 鳴吠對	天罡 死神 月刑 天吏 致死 天賊
十月	定	天德 月德 四相 陰德 五德 民日 三合 時陰 鳴吠	死氣 元武

納音 大溪水

冬至 上元七赤 中元四綠 下元一白

夏至 上元三碧 中元六白 下元九紫

入中宮

冬至後陽遁八門九星圖

丙子 天乙 日刑 貴人 旬空 司命	丁丑 福星 勾陳 貴人 旬空	戊寅 青龍	己卯 日祿 日建 明堂	庚辰 日害 天刑	辛巳 日馬 五不遇 朱雀
壬午 金匱 路空	癸未 寶光 路空	甲申 白虎 天乙 貴人 天官 貴人	乙酉 玉堂 日破	丙戌 喜神 天牢 日合	丁亥 福星 元武 貴人

天明地晦不宜出入往來行軍見陣遇夜主有賊入營劫寨大凶遇急可選吉時出西南坤方休門吉

夏至後陰遁八門九星圖

丙子 天乙 旬空 貴人 司命	丁丑 勾陳 旬空	戊寅 青龍	己卯 明堂 日祿	庚辰 天刑 六害	辛巳 五不遇 驛馬 朱雀
壬午 金匱 路空	癸未 天德 路空	甲申 天乙 白虎 貴人	乙酉 玉堂 日破	丙戌 天牢	丁亥 元武

此日宜上官赴任出行求財入學用卯時出正西方向杜門吉

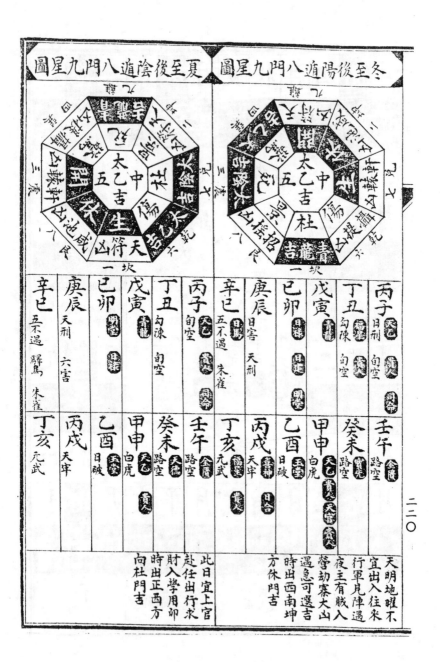

正月乙卯水專日
宜襲爵受封會親友出行上官赴任臨政親民結婚姻解除沐浴剃頭整手足甲求醫療病立券交易掃舍宇破土啟攢

二月乙卯水專日
宜祭祀襲爵受封會親友出行上官赴任臨政親民裁衣立券交易

三月乙卯水專日
宜補垣塞穴

四月乙卯水專日
宜祭祀祈福求嗣上冊受封上表章襲爵受封會親友入學出行上官赴任臨政親民結婚姻納采問名嫁娶移徙解除裁衣修造動土豎柱上梁修倉庫開市立券交易納財修置產室安碓磑牧養納畜

五月乙卯水專日
宜祭祀

六月乙卯水專日
宜上冊受封上表章襲爵受封會親友入學出行上官赴任臨政親民結婚姻納采問名嫁娶進人口移徙求醫療病裁衣築隄防修造動土豎柱上梁修倉庫經絡醞釀開市立券交易納財安碓磑牧養納畜破土啟攢

七月乙卯水專日
諸事不宜

八月乙卯水專日
諸事不宜

九月乙卯水專日
宜祭祀捕捉畋獵

十月乙卯水專日

十一月乙卯水專日

十二月乙卯水專日

宜祭祀祈福求嗣上冊受封上表章襲爵受封會親友冠帶出行上官赴任臨政親民結婚姻納采問名嫁娶進人口移徙解除裁衣修造動土豎柱上梁修倉庫經絡醞釀開市立券交易納財開倉庫出貨財安碓磑牧養納畜破土安葬啟攢

諸事不宜

宜祭祀祈福求嗣上官受封上表章襲爵受封會親友出行上冊赴任臨政親民結婚姻納采問名嫁娶進人口移徙解除裁衣豎柱上梁經絡開市立券交易納財開倉庫出貨財牧養納畜安葬啟攢

按乙卯為戌命真天官天福癸命福壽天嗣貴人乙壬命同取旺於春令

丑命為福星地財天錢生氣天富　寅命為太陽天喜催官　卯命為金匱天財　巳命為福星天壽　午命為天貴催官續世　未命為金匱太陰升天太陽天喜三合富日　申命為富星天印益後月財　戌命為紫微六合　亥命為金匱三合

子辰酉命忌　又癸巳酉丑命災煞日俱忌用

乙卯日喜神西北方　貴神正北方　乙與庚合　卯與戌合　乙生丙火

乙卯年歲德在庚　歲德合在乙　歲祿在卯　歲馬在巳　陽貴人在申　陰貴人在子

乙尅巳土　巳酉命為天尅地沖　又乙酉命為比沖俱忌用

丙辰日

納音 沙中土

冬至 上元八白 中元五黃 下元二黑

夏至 上元二黑 中元五黃 下元八白

入中宮

月	建除	吉	凶
正月	滿	月恩 四相 守日 天巫 福德 金匱 [illegible] 益後 玉堂	厭對 招搖 九空 九焦 九坎
二月	除	[illegible]	月害 天刑
三月	建	[illegible] 青龍 月空 四相 守日	月建 小時 土府 月刑
四月	閉	[illegible]	月煞 月虛 血支 五虛 復日
五月	開	[illegible]	五虛 九空 天牢
六月	收	[illegible]	天罡 五虛 地囊 白虎
七月	成	[illegible]	月厭 地火 四擊 大煞 血忌
八月	危	[illegible]	月煞 月虛 四擊 天刑
九月	破	[illegible]	月破 大耗 四擊 九空 往亡
十月	執	陽德 解神 司命	小耗 天賊 土符
十一月	定	月空 三合 臨日 時陰 天倉 聖心	死氣 天牢
十二月	平	天馬 不將	河魁 死神 月煞 月虛 白虎

冬至後陽遁八門九星圖

干支	註	印
戊子	天牢、旬空	福星、[illegible]
己丑	元武、旬空	
庚寅		[illegible]、司命
辛卯	日害、勾陳	
壬辰	五不遇、路空、日刑	日建、[illegible]
癸巳	路空	日祿、明堂
甲午	天刑	
乙未	朱雀	
丙申		喜神、金匱
丁酉		天乙、貴人、六合、寶光
戊戌	日破、白虎	福星、貴人
己亥		天乙、貴人、玉堂

天厚地圖四
基白虎不宜
出入求財行
軍決戰凶遇
急可選吉時
出西南坤方
休門吉

夏至後陰遁八門九星圖

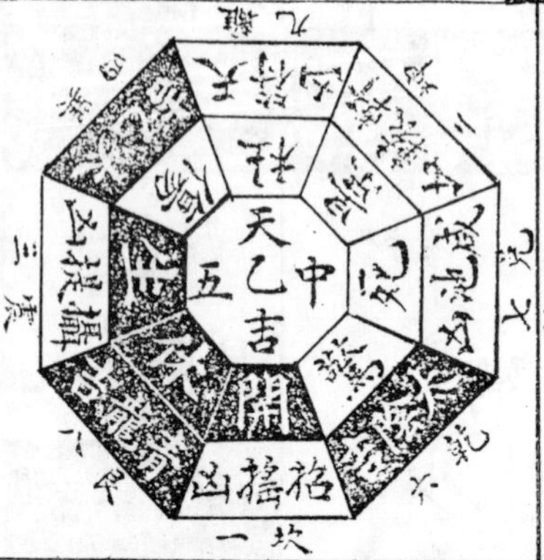

干支	註	印
戊子	天牢、路空	
己丑	元武、旬空	
庚寅	驛馬	司命
辛卯	勾陳、六害	
壬辰	路空、五不遇	[illegible]
癸巳	路空	明堂、日祿
甲午	天刑	
乙未	朱雀	
丙申		金匱
丁酉		天乙、貴人、天德
戊戌	白虎、日破	
己亥		玉堂、天乙、貴人

此日宜入學
用申時出行
求財出軍見
陣交戰上官
赴任俱宜用
寅時向東北
方青龍星大
吉

正月丙辰土寶日

二月丙辰土寶日

三月丙辰土寶日

四月丙辰土寶日

五月丙辰土寶日

六月丙辰土寶日

七月丙辰土寶日

八月丙辰土寶日

宜祭祀祈福求嗣上册受封上表章襲爵受封會親友出行上官赴任臨政親民結婚姻納采問名嫁娶進人口移徙解除求醫療病裁衣修造動土豎柱上梁修倉庫經絡開市立券交易納財開倉庫出貨財牧養納畜安葬

宜祭祀襲爵受封上官赴任出行臨政親民移徙解除沐浴剃頭整手足甲裁衣修造動土豎柱上梁掃舍宇栽種

宜祭祀

宜祭祀

宜祭祀祈福求嗣上册受封上表章襲爵受封會親友入學出行上官赴任臨政親民結婚姻納采問名嫁娶移徙解除求醫療病裁衣修造動土豎柱上梁修倉庫開市納財開倉庫出貨財修置產室開渠穿井安碓磑栽種牧養納畜

宜祭祀進人口納財捕捉牧養

宜祭祀入學

諸事不宜

九月丙辰土 寶日

宜祭祀解除沐浴破屋壞垣

十月丙辰土 寶日

宜上表章解除沐浴剃頭整手足甲求醫療病捕捉畋獵

十一月丙辰土 寶日

宜祭祀祈福上冊受封上表章會親友冠帶上官赴任臨政親民結婚姻納采問名嫁娶進人口裁衣修造動土豎柱上梁修倉庫經絡醞釀立券交易納財安碓磑納畜

十二月丙辰土 寶日

諸事不宜

按丙辰為戊命真文魁癸命進祿旺於夏令

子命為天錢金匱三合　丑命為天福天田升天太陽　寅命為福星天財文昌天富　巳命平　午命為福星天壽天錢生氣金匱　未命為天貴天田　申命為天財催官續世天喜三合富日　酉命為富星天壽天印六合　亥命為紫微紅鸞益後

卯戌命值刑沖破害　又癸巳酉丑命歲煞日俱忌用

丙辰日喜神西南方　貴神正北方　丙與辛合　辰與酉合　丙生巳土

丙辰年歲德在丙，歲德合在辛　歲祿在巳　歲馬在寅　陽貴人在酉　陰貴人在亥

丙尅庚金　庚戌命為天尅地沖　又丙戌命為比沖俱忌用

沙中土其土無性不使無傷有金能生水多不虛火亦無用石榴楊柳二木杜中無見其精發茂富貴無疑

丁巳日

納音
沙中土

冬至
上元九紫
中元六白
下元三碧

夏至
上元九紫
中元四綠
下元七赤

入中宮

正月	平	天德 四相 相日 寶光	天罡 死神 月刑 月害 遊禍 五虛 八風 重日
二月	滿	月恩 四相 相日 驛馬 天后 天巫 福德 寶光	五虛 土符 八風 大煞 往亡 重日 朱雀
三月	除	天德合 明堂 四相 陰德 五富 相日 吉期 金堂 月德合	劫煞 五虛 八風 重日
四月	建	王日	月建 小時 土府 重日 勾陳 陽錯
五月	閉	王日 [illegible]	遊禍 血支 復日 重日 元武
六月	開	王日 驛馬 天后 時陽 生氣 福生 玉堂	月厭 地火 重日 大會 陰錯
七月	收	[illegible]	河魁 劫煞 地囊 重日
八月	成	三合 臨日 天喜 天醫 青龍	重日 朱雀
九月	危	陰德 續世 明堂	遊禍 天賊 血忌 重日
十月	破	驛馬 天后 天倉 敬安	月破 大耗 四廢 重日 勾陳 陰陽交錯
十一月	執	月德合 五富 不將 益後	劫煞 小耗 四廢 重日 元武
十二月	定	母倉 時陰 六儀 玉堂	厭對 招搖 死氣 四廢 九坎 九焦 重日

冬至後陽遁八門九星圖

夏至後陰遁八門九星圖

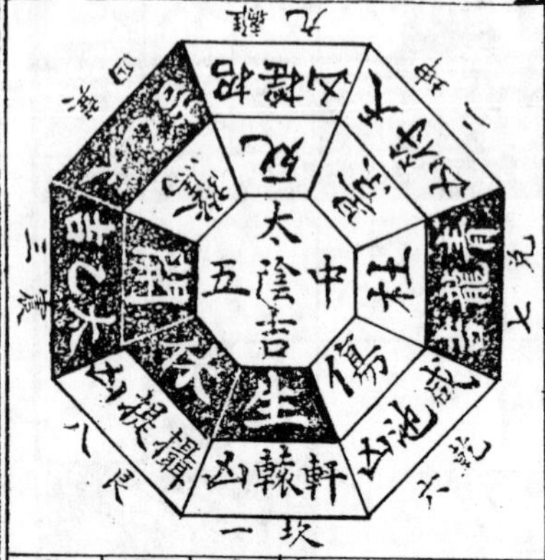

冬至後陽遁

庚子	辛丑	壬寅	癸卯	甲辰	乙巳
白虎 旬空	玉堂 旬空	路空 日害 天牢	五不遇 路空 元武	司命	日建 勾陳

丙午	丁未	戊申	己酉	庚戌	辛亥
日祿 喜神 青龍	明堂	日合 日刑 天刑	天乙 貴人 福星 貴人 朱雀	金匱	天乙 貴人 天官 貴人 日破 日馬 寶光

天福厚星五福太陰天害星不宜出入求財只宜行軍決勝大戰可選吉時出正南離方開門吉

夏至後陰遁

庚子	辛丑	壬寅	癸卯	甲辰	乙巳
白虎 旬空	玉堂 旬空	天牢 路空 六害	五不遇 路空 元武	司命	勾陳

丙午	丁未	戊申	己酉	庚戌	辛亥
青龍	明堂	天刑	天乙 朱雀 貴人	金匱	天德 驛馬 天乙 日破 貴人

此日宜上官赴任不宜出行如遇急事用午時出西方青龍星吉宜求財宜襲爵受封

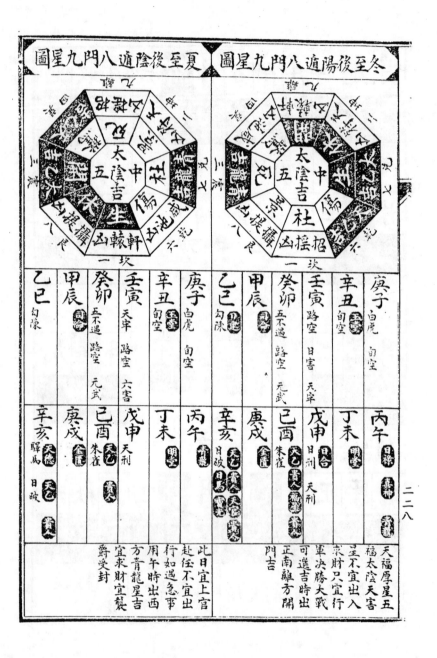

正月丁巳土專日
二月丁巳土專日
三月丁巳土專日
四月丁巳土專日
五月丁巳土專日
六月丁巳土專日
七月丁巳土專日
八月丁巳土專日

宜祭祀平治道塗

宜祭祀祈福求嗣會親友結婚姻納采問名解除裁衣豎柱上梁經絡
開市立券交易納財牧養

宜祭祀祈福求嗣上冊受封上表章襲爵受封會親友上官赴任臨政
親民結婚姻納采問名嫁娶移徙解除沐浴整手足甲裁衣修造動
土豎柱上梁修倉庫經絡醞釀開市立券交易納財開倉庫出貨財
掃舍宇栽種牧養納畜

宜襲爵受封會親友上官赴任臨政親民裁衣

宜裁衣築隄防補垣塞穴

諸事不宜

宜祭祀祈福求嗣上冊受封上表章襲爵受封會親友上官赴任臨政
親民結婚姻納采問名嫁娶進人口移徙解除裁衣豎柱上梁經絡
醞釀開市立券交易納財開倉庫出貨財捕捉牧養納畜

宜祭祀祈福上冊受封上表章襲爵受封會親友入學上官赴任臨政
親民結婚姻納采問名嫁娶進人口移徙求醫療病裁衣築隄防修
造動土豎柱上梁修倉庫經絡醞釀開市立券交易納財安碓磑栽
種牧養納畜

九月丁巳土專日　宜祭祀安床畋獵

十月丁巳土專日　諸事不宜

十一月丁巳土專日　宜祭祀捕捉

十二月丁巳土專日　諸事不宜

按丁巳為戊命真專祿天祿癸命天福玉堂貴人丙壬命同取旺於夏令
子命為紫微益後　丑命為天嗣六合　卯命為福星太陰文昌生氣天富驛馬　辰命為
太陽天喜天壽催官　巳命為天錢　午命平　未命為福星驛馬　酉命為月財天喜富
日三合　戌命為富星天印催官續世紅鸞
寅申亥命值刑沖破害忌用　又戊申子辰命劫煞日俱忌用
丁巳日喜神正南方　貴神西北方　丁與壬合　巳與申合　丁生戊土
丁巳年歲德在壬　歲德合在丁　歲祿在午　歲馬在亥　陽貴人在亥　陰貴人在酉
丁尅辛金　辛亥命為天尅地沖　又丁亥命為比冲俱忌用

戊午日

四月 除	五月 建	六月 開	七月 閉
天時 大敗 咸池 歲薄	月建 小時 土府 月刑 月厭 地火 土符 小會	天吏 致死 血支 往亡 天牢 逐陣	災煞 天火 四耗 白虎
三月 滿	納音 天上火		八月 收
災煞 天火 大煞 復日 天刑	冬至：上元一白 中元七赤 下元四綠		天罡 咸池 大時 大敗 天賊 四耗 九坎 九焦
二月 平	夏至：上元九紫 中元三碧 下元六白		九月 成
河魁 死神 天吏 致死	入中宮		四耗 復日 天刑
正月 定	十二月 執	十一月 破	十月 危
死氣 白虎	月害 大時 大敗 咸池 小耗 五虛 天牢	月破 大耗 災煞 天火 厭對 招搖 五虛 血忌	天吏 致死 五虛

冬至後陽遁八門九星圖

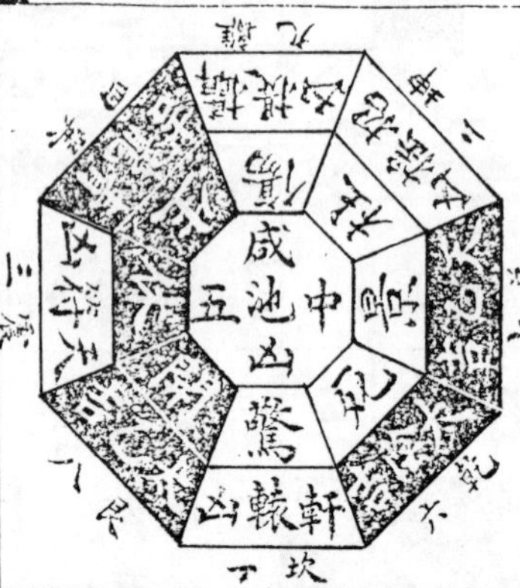

壬子	癸丑	甲寅	乙卯	丙辰	丁巳
路空 日破 旬空	路空 日害 旬空	五不遇 白虎		天牢	元武
戊午	**己未**	**庚申**	**辛酉**	**壬戌**	**癸亥**
日刑	勾陳			路空 天刑	路空 朱雀

地牢五鬼刑星不宜出入求財行軍見陣主有損折人馬之災遇急可選吉時出東南巽方生門吉

夏至後陰遁八門九星圖

壬子	癸丑	甲寅	乙卯	丙辰	丁巳
旬空 路空 日破	旬空 路空	白虎 五不遇		天牢	元武
戊午	**己未**	**庚申**	**辛酉**	**壬戌**	**癸亥**
	勾陳	驛馬		天刑 路空	朱雀 路空

此日宜襲爵受封出行求財上官赴任行兵出陣宜用午時出西北向青龍星無不吉利

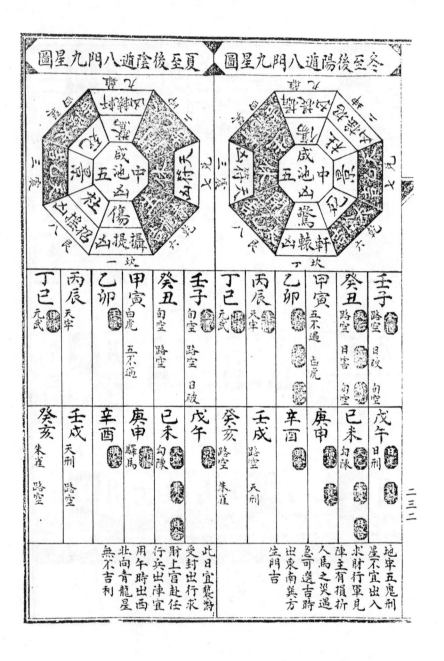

正月戊午火義日
宜祭祀祈福求嗣上册受封上表章襲爵受封會親友冠帶出行上官赴任臨政親民結婚姻納采問名嫁娶進人口移徙裁衣修造動土豎柱上梁修倉庫經絡醞釀開市立券交易納財安碓磑開倉庫出貨財牧養納畜

二月戊午火義日
宜祭祀修飾垣牆平治道塗

三月戊午火義日
宜祭祀

四月戊午火義日
宜祭祀沐浴掃舍宇

五月戊午火義日
諸事不宜

六月戊午火義日
宜祭祀

七月戊午火義日
宜祭祀祈福求嗣上册受封上表章襲爵受封會親友入學出行上官赴任臨政親民結婚姻納采問名嫁娶移徙解除修造動土裁衣豎柱上梁修倉庫開市立券交易開渠穿井安碓磑栽種牧養納畜

八月戊午火義日
宜祭祀捕捉

九月戊午火日 義

十月戊午火日 義

十一月戊午火日 義

十二月戊午火日 義

宜襲爵受封會親友入學出行上官赴任臨政親民結婚姻納采問名
嫁娶進人口移徙求醫療病裁衣築隄防修造動土竪柱上梁修倉
倉經絡醞釀開市立券交易納財安碓磑納畜

宜祭祀伐木畋獵

諸事不宜

宜沐浴剃頭整手足甲伐木捕捉畋獵

按戊午為戊命真歲德合武曲癸命天官歲德合天祿丁巳辛命同取旺於四季
寅命為金匱太陰財星三合　卯命為天財天福益後　辰命為福星文昌天富　巳命為
太陽天喜催官　未命為天壽金匱六合　申命為福星財星生氣　酉命為天貴天財紅
鸞　戌命為天壽天喜富日三合　亥命為富星天印
子丑午命忌　又六戊命部天戊申子辰命災煞日俱忌用
戊午日喜神東南方　貴神正北方　戊與癸合　午與未合　戊生辛金
戊午年歲德在戊　歲德合在癸　歲祿在巳　歲馬在申　陽貴人在丑　陰貴人在未
戊魁壬水　壬子命為天魁地冲　又戊子命為比冲俱忌用
天上火畏太冲太陽天河水制春用畧吉夏炎難當要用多水多金滅其炎氣方能發福秋
天平穩冬宜最愛

己未日

七月 開
母倉 金堂 玉宇
月煞 月虛 血支 天賊 五虛 八專

六月 建
天德合 官日 四相 守日 月德合
月建 小時 土府 復日 八專 元武 陽錯

五月 除
四相 守日 吉期 六合
八專 勾陳

四月 滿
月恩 四相 守日 天巫 福德 五富 明堂
月厭 地火 九空 九坎 九焦 大煞 八專 陰錯

八月 開
母倉 陰德 時陽 生氣 天倉 寶光
五虛 九空 土符 八專

三月 平
無
天罡 死神 月煞 月虛 八專 朱雀

納音 天上火

冬至 上元二黑 中元八白 下元五黃

夏至 上元八白 中元二黑 下元五黃

入中宮

九月 收
母倉 玉宇
河魁 月刑 五虛 八專 朱雀

二月 定
月德合 陰德 三合 時陰 [illegible] 寶光
血忌 死氣 八專

十月 成
月德合 三合 臨日 天喜 天醫 六儀 福生 明堂
厭對 招搖 八專 往亡 四擊

十一月 危
要安
月煞 月虛 月害 四擊 八專 勾陳

十二月 破
普護
月破 大耗 四擊 九空 復日 八專 元武

正月 執
玉堂 敬安
小耗 八專

冬至後陽遁八門九星圖

甲子	乙丑	丙寅	丁卯	戊辰	己巳
天乙 日害 貴人 天刑 白空	福星 五不遇 貴人 最 日刑 朱雀 白空	喜神 天官 貴人 金匱	寶光	白虎	日馬 玉堂

庚午	辛未	壬申	癸酉	甲戌	乙亥
日祿 天牢 日合 日建	福星 元武 貴人 司命	天乙 路空 貴人 司命	路空 勾陳	青龍	明堂 五不遇

天陽八風九坎宜出軍交戰六七十月不宜行船主有損失人馬遇急可選吉時出東北艮方開門吉

夏至後陰遁八門九星圖

甲子	乙丑	丙寅	丁卯	戊辰	己巳
天乙 天刑 貴人 白空	五不遇 日破 朱雀 白空	金匱	天德	白虎	玉堂 驛馬

庚午	辛未	壬申	癸酉	甲戌	乙亥
日祿 天牢	元武	天乙 路空 貴人 司命	白空 路空	青龍	明堂 五不遇

此日宜上官赴任行軍上陣交鋒對敵大勝出行求財得利出西南生門大吉

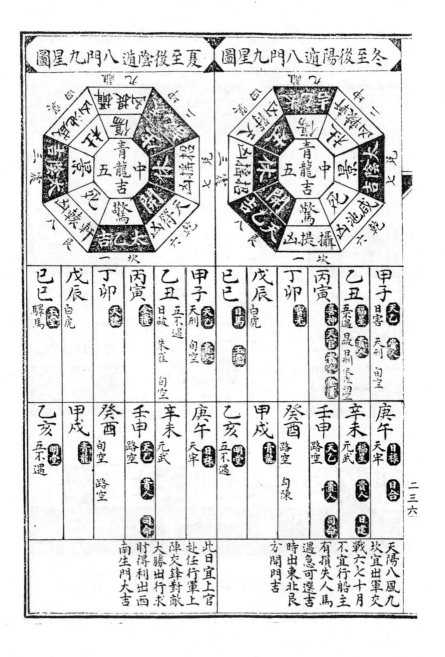

正月巳未火專日

宜捕捉取魚

二月巳未火專日

宜祭祀祈福求嗣上冊受封上表章襲爵受封會親友冠帶出行上官赴任臨政親民進人口移徙解除裁衣修造動土豎柱上梁修倉庫經絡醞釀立券交易納財安碓磑栽種牧養納畜安葬

三月巳未火專日

諸事不宜

四月巳未火專日

宜祭祀

五月巳未火專日

宜祭祀祈福求嗣襲爵受封會親友出行上官赴任臨政親民進人口移徙解除沐浴剃頭整手足甲裁衣修造動土豎柱上梁修倉庫經絡醞釀立券交易納財開倉庫出貨財掃舍宇栽種牧養納畜安葬

六月巳未火專日

宜祭祀襲爵受封會親友出行上官赴任臨政親民移徙裁衣納財牧養納畜

七月巳未火專日

諸事不宜

八月巳未火專日

宜祭祀祈福求嗣上冊受封上表章襲爵受封會親友入學出行上官赴任臨政親民移徙解除裁衣豎柱上梁牧養納畜

九月己未火日　專

宜祭祀捕捉納畜

十月己未火日　專

宜祭祀祈福求嗣會親友入學解除裁衣築隄防修造動土竪柱上梁修倉庫經絡醞釀開市立券交易納財安碓磑栽種牧養納畜安葬

十一月己未火日　專

宜伐木畋獵

十二月己未火日　專

宜祭祀破屋壞垣

按己未為戊命真天嗣貴人甲庚命同取旺於四季

寅命為紫微天嗣　卯命為地財催官續世三合　辰命為天福天田天錢　巳命為福星財星文昌生氣益後天富　午命為太陽天喜催官六合　未命為月財　申命為紅鸞　酉命為福星地財　戌命為天貴天田　亥命為財星天壽天喜富日三合

子丑命忌　又六癸命都天戊甲子辰命歲煞日俱忌用

己未日喜神東北方　貴神西北方　甲與己合　午與未合　巳生庚金

己未年歲德在甲　歲德合在己　歲祿在午　歲馬在巳　陽貴人在子　陰貴人在甲

己尅癸水　癸丑命為天尅地冲　又己丑命為比冲俱忌用

庚申日

月令	吉神	凶神
七月建	王日 天倉 除神 鳴吠	月建 小時 土府 復日 五離 八專 天牢 陽錯
六月除	月空 陽德 相日 吉期 [illegible] 除神 [illegible] 鳴吠	劫煞 天賊 五虛 五離 八專
五月滿	福德 驛馬 天后 天巫 [illegible] 除神 [illegible] 相日 鳴吠	五離 五虛 八專
四月平	[illegible] 五富 [illegible] 除神 鳴吠	河魁 死神 月刑 天禍 遊禍 五虛 血忌 五離 八專
八月閉	[illegible] 除神 鳴吠	遊禍 血支 五離 白虎 八專
三月定	月恩 三合 臨日 時陰 [illegible] 除神 金匱 鳴吠	月厭 地火 死氣 四廢 往亡 陰錯 五離 八專 孤辰
九月開	[illegible]	厭對 招搖 五離 八專
二月執	[illegible]	小耗 劫殺 四廢 五離 八專 白虎
十月收	母倉 月空 天德合 除神 鳴吠	天罡 劫煞 月害 五離 八專 天刑
十一月成	母倉 三合 天喜 天醫 玉宇 除神 青龍 鳴吠	九坎 九焦 土符 大煞 五離 八專
十二月危	司命 天德 月德 母倉 陽德 五富 福生 除神 鳴吠	遊禍 五離 八專
正月破	驛馬 天后 普護 解神 除神 鳴吠	月破 四廢 五離 天牢 八專 大耗

納音 石榴木

冬至 上元三碧 中元九紫 下元六白

夏至 上元七赤 中元一白 下元四綠

入中宮

冬至後陽遁八門九星圖

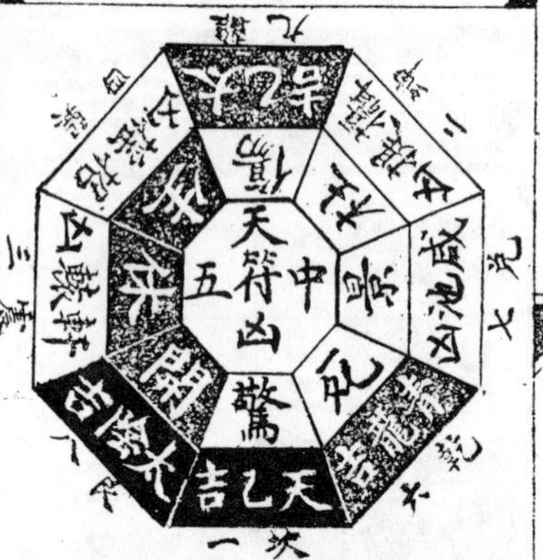

時	吉星	注
丙子	青龍	五不遇 旬空
丁丑	天乙 貴人 明堂	旬空
戊寅		日破 日刑 天刑
己卯		朱雀
庚辰	金匱	
辛巳	日合 [illegible]	
壬午	天官貴人 福星貴人	路空 白虎
癸未	天乙 天官 玉堂	路空
甲申	日祿 日建	天牢
乙酉		元武
丙戌	喜神 [illegible]	五不遇
丁亥		日害 勾陳

天福厚星天曜天喜五福星宜出入求財上官行軍決戰大勝可選吉時出東北艮方開門吉

夏至後陰遁八門九星圖

時	吉星	注
丙子	青龍	旬空 五不遇
丁丑	天乙 貴人 明堂	旬空
戊寅		驛馬 日破 天刑
己卯		朱雀
庚辰	金匱	
辛巳	天德	
壬午		白虎 路空
癸未	天乙 貴人 明堂	路空
甲申	日祿	天牢
乙酉		元武
丙戌	司命	五不遇
丁亥		勾陳 六害

此日忌上官赴任宜出門用卯時出西南開門吉宜入學用巳時宜襲爵受封

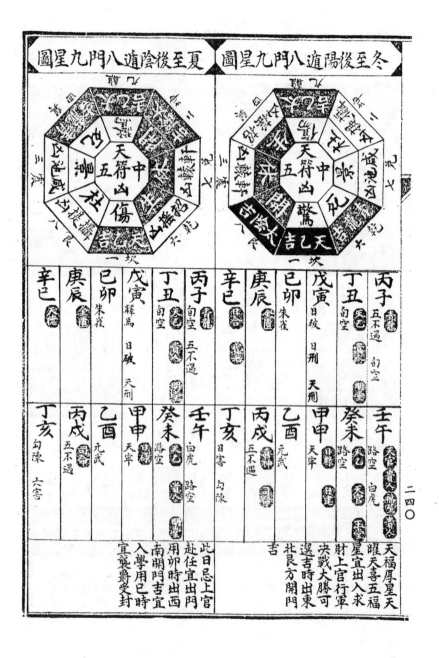

正月庚申木專日
諸事不宜

二月庚申木專日
宜沐浴掃舍宇捕捉取魚

三月庚申木專日
宜祭祀

四月庚申木專日
宜祭祀上冊受封上表章襲爵受封會親友出行上官赴任臨政親民進人口移徙沐浴剃頭整手足甲裁衣修造動土豎柱上梁修倉庫醞釀開市立券交易納財開倉庫出貨財掃舍宇修飾垣牆平治道塗栽種牧養納畜破土安葬

五月庚申木專日
宜祭祀祈福上冊受封上表章出行進人口移徙解除沐浴剃頭整手足甲裁衣開市納財補垣塞穴掃舍宇破土安葬

六月庚申木專日
宜祭祀沐浴掃舍宇

七月庚申木專日
宜襲爵受封出行上官赴任臨政親民進人口沐浴裁衣納財掃舍宇納畜

八月庚申木專日
宜祭祀沐浴剃頭整手足甲裁衣築隄防修倉庫醞釀立券交易納財補垣塞穴掃舍宇栽種牧養納畜破土安葬

九月庚申木專日
宜祭祀祈福求嗣上冊受封上表章襲爵受封入學出行上官赴任臨政親民移徙解除沐浴剃頭整手足甲求醫療病裁衣修造動土豎柱上梁開市開倉庫出貨財修置產室開渠穿井安碓磑掃舍宇栽種牧養

十月庚申木專日

宜祭祀祈福求嗣上冊受封上表章襲爵受封會親友出行上官赴任
臨政親民進人口移徙解除沐浴剃頭整手足甲裁衣修造動土竪
柱上梁修倉庫納財掃舍宇伐木捕捉栽種牧養納畜破土安葬

十一月庚申木專日

宜襲爵受封會親友入學出行上官赴任臨政親民進人口移徙解除
沐浴剃頭整手足甲求醫療病裁衣竪柱上梁醞釀開市立券交易
納財舍宇伐木牧養納畜安葬

十二月庚申木專日

宜祭祀上冊受封上表章襲爵受封會親友出行上官赴任臨政親民
移徙沐浴剃頭整手足甲裁衣修造動土竪柱上梁修倉庫醞釀開
市立券交易納財開倉庫出貨財掃舍宇伐木栽種牧養納畜破土
安葬

按庚申為戊命真文昌福壽癸命文曲乙庚命同取旺於秋令
子命為升天太陽六合天喜富日　丑命為富星天印天寶　卯命為紫微　辰命為升天
太陽六合天財　巳命為富星催官續世　午命為福星月財文昌天富驛馬　未命為太
陽天喜並後紅鸞催官　申命為天壽金匱　酉命平　戌命為福星天財生氣驛馬
寅亥命忌　又癸亥卯未命劫煞日俱忌用
庚申日喜神西北方　貴神西北方　乙與庚合　巳與申合　庚生癸水
庚申年歲德在庚　歲德合在乙　歲祿在申　歲馬在寅　陽貴人在丑　陰貴人在未
庚剋甲木　甲寅命為天剋地冲　又庚寅命為比冲俱忌用
石榴木不生土野多是近水春不榮夏方耀秋凋零冬枯枝發達小功載福不綿出人見金
則傷

納音 石榴木

冬至 上元四綠 中元一白 下元七赤

夏至 上元九紫 中元六白 下元三碧

入中宮

七月除
[illegible] 除神 鳴吠
大時 大敗 咸池 九坎 九焦 往亡 五離 元武

六月滿
[illegible] 除神 鳴吠
災煞 天火 血忌 五離 勾陳

五月平
[illegible] 鳴吠
天罡 死神 天吏 致死 天賊 五離

四月定
[illegible]
死氣 五離 朱雀

三月執
[illegible]
大時 大敗 咸池 小耗 四廢 五虛 五離 土符

二月破
[illegible]
月破 大耗 災煞 天火 五離 月厭 陰錯 地火 四廢 五虛

八月建
[illegible]
月建 小時 土府 月厭 厭對 招搖 五離 陽錯 復日

九月閉
[illegible]
月害 天吏 致死 血支 五離

正月危
福生 陰德 月德合 除神 鳴吠
天吏 致死 四廢 五虛 五離 元武 三陰

十二月成
母倉 月恩 三合 臨日 天喜 天醫 除神 鳴吠
四耗 大煞 五離 勾陳

十一月收
母倉 金堂 除神 明堂 鳴吠
五離 河魁 大時 大敗 咸池 四耗 地囊

十月開
[illegible] 時陽 生氣 聖心 除神 鳴吠
災煞 天火 四耗 五離 朱雀

冬至後陽遁八門九星圖

戊子	己丑	庚寅	辛卯	壬辰	癸巳
明堂 旬空	勾陳 旬空	天乙 貴人 青龍	明堂 日破	日合 路空 天刑	天官 貴人 福星 貴人 路空 朱雀

甲午	乙未	丙申	丁酉	戊戌	己亥
天乙 貴人 金匱	寶光	喜神 白虎	日祿 五不遇 日建 日刑 玉堂	日害 天牢	日馬 元武

天狗地牢五不遇不宜出入求財上官行軍決戰主有損失人馬遇急可選吉時出東南巽方休門吉

夏至後陰遁八門九星圖

戊子	己丑	庚寅	辛卯	壬辰	癸巳
司命 旬空	勾陳 旬空	天乙 貴人 青龍	明堂 日破	天刑 路空	朱雀 路空

甲午	乙未	丙申	丁酉	戊戌	己亥
天乙 貴人 司命 金匱	天德	白虎	玉堂 五不遇	天牢 六害	元武 驛馬

此日宜上官赴任出行求財行軍見陣決戰得勝用午時出正北開門吉 入學宜用午時

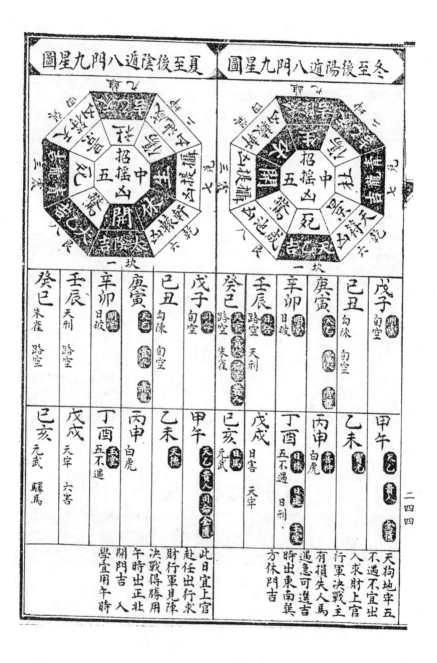

正月辛酉木專日	諸事不宜
二月辛酉木專日	諸事不宜
三月辛酉木專日	宜祭祀沐浴剃頭整手足甲掃舍宇捕捉
四月辛酉木專日	宜祭祀祈福求嗣上冊受封上表章襲爵受封冠帶出行上官赴任臨政親民結婚姻納采問名嫁娶進人口移徙解除沐浴剃頭整手足甲裁衣修造動土竪柱上梁修倉庫經絡開市立券交易納財安碓磑掃舍宇栽種牧養納畜破土安葬
五月辛酉木專日	宜祭祀沐浴剃頭整手足甲掃舍宇修飾垣牆平治道塗
六月辛酉木專日	宜祭祀沐浴掃舍宇
七月辛酉木專日	宜解除沐浴剃頭整手足甲掃舍宇破土安葬
八月辛酉木專日	宜祭祀沐浴掃舍宇
九月辛酉木專日	宜祭祀沐浴剃頭整手足甲裁衣補垣塞穴掃舍宇

十月辛酉木專日

宜祭祀入學沐浴掃舍宇

十一月辛酉木專日

宜沐浴剃頭整手足甲掃舍宇捕捉畋獵

十二月辛酉木專日

宜祭祀祈福求嗣上冊受封上表章襲爵受封入學出行上官赴任臨政親民結婚姻納采問名嫁娶進人口移徙解除沐浴剃頭整手足甲求醫療病裁衣築隄防修造動土豎柱上梁修倉庫經絡醞釀立券交易納財開倉庫出貨財安碓磑掃舍宇栽種牧養納畜破土安葬

按辛酉爲丙丁命同取玉堂天嗣貴人辛命專祿旺於秋令

子命爲天貴財星天壽　丑命爲金匱天錢紅鸞天喜三合富日　寅命爲富星天印　辰命爲紫微地財六合　巳命爲月財天嗣三合　午命爲財星天福天田紅鸞　未命爲太陰文昌催官生氣續世天富　申命爲太陽天喜催官　亥命爲福星

卯酉戌命值刑冲破害忌用　又癸亥卯未命災煞日俱忌用

辛酉日喜神西南方　貴神西北方　丙與辛合　辰與酉合　辛生壬水

辛酉年歲德在丙　歲德合在辛　歲祿在酉　歲馬在亥　陽貴人在寅　陰貴人在午

辛尅乙木　乙卯命爲天尅地冲　又辛卯命爲比冲俱忌用

月	建除	吉神	凶神
正月	成	天德合　月空　陽德　三合　天喜　天恩　司命	月厭　天火　四擊　大煞
二月	危	金匱　[illegible]合	月煞　月虛　四擊　天牢
三月	破	天德　月德　天馬　福生　解神	月破　大耗　四擊　九空　九坎　九焦　白虎
四月	執	[illegible]　解神　金匱	小耗　天賊
五月	定	[illegible]	死氣　地囊　天刑
六月	平	[illegible]	河魁　死神　月煞　月虛　土府
七月	滿	[illegible]	厭對　招搖　天狗　路空
八月	除	[illegible]	月害　血忌　天牢
九月	建	[illegible]	月建　小時　土府　白虎
十月	閉	[illegible]　金匱	月煞　月虛　血支　五虛　復日
十一月	開	月空　時陽　生氣	五虛　九空　往亡　天刑
十二月	收	聖心　青龍	天罡　月刑　五虛

納音

大海水

冬至　上元五黃　中元二黑　下元八白

夏至　上元五黃　中元八白　下元二黑

入中宮

冬至後陽遁八門九星圖

庚子	辛丑	壬寅	癸卯	甲辰	乙巳
天官 天牢 貴人 旬空	元武 旬空	司命 路空	天乙 路空 貴人 司命	福星 日破 貴人 青龍	天乙 貴人 明堂

丙午	丁未	戊申	己酉	庚戌	辛亥
喜神 天刑	天官 日刑 貴人 朱雀	日馬 五不遇 金匱	寶光 日害	日建 白虎	日祿 玉堂

天上大空亡天章星不宜出入求財行軍決戰不利遇急可選吉時出正東震方開門吉

夏至後陰遁八門九星圖

庚子	辛丑	壬寅	癸卯	甲辰	乙巳
天牢 旬空	元武 旬空	司命 路空	貴人 勾陳 路空	青龍 日破	太乙 貴人 明堂

丙午	丁未	戊申	己酉	庚戌	辛亥
天牢	朱雀	金匱 驛馬 五不遇	天德	白虎 日破	玉堂 日祿

此伐日不宜上官謁貴求財出行結婚姻如遇急事用巳時出西方開門諸事返凶化吉

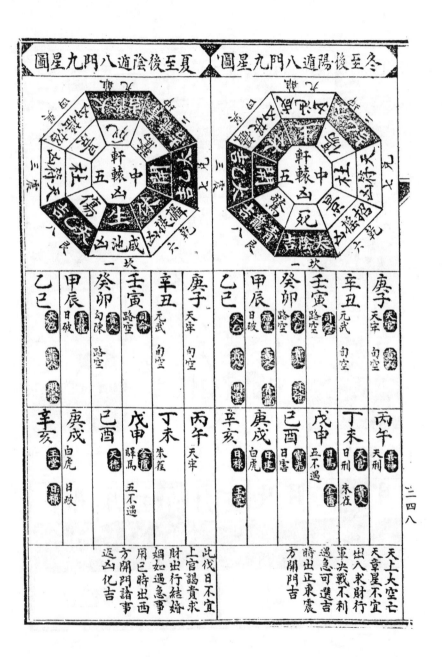

正月	壬戌水伐日	宜祭祀祈福求嗣上冊受封上表章會親友入學進人口解除裁衣築隄防修造動土竪柱上梁修倉庫經絡醞釀開市立券交易納財安碓磑牧養納畜安葬
二月	壬戌水伐日	宜取魚
三月	壬戌水伐日	宜祭祀解除沐浴求醫療病破屋壞垣
四月	壬戌水伐日	宜上表章解除沐浴求醫療病捕捉剃頭整手足甲
五月	壬戌水伐日	宜祭祀祈福上冊受封上表章會親友冠帶上官赴任臨政親民結婚姻納采問名嫁娶進人口裁衣竪柱上梁經絡醞釀立券交易納財納畜
六月	壬戌水伐日	諸事不宜
七月	壬戌水伐日	宜上冊受封上表章襲爵受封會親友出行上官赴任臨政親民結婚姻納采問名嫁娶進人口移徙解除求醫療病裁衣修造動土竪柱上梁修倉庫經絡開市立券交易納財開倉庫出貨財補垣塞穴栽種牧養納畜安葬
八月	壬戌水伐日	宜祭祀襲爵受封出行上官赴任臨政親民移徙解除沐浴剃頭整手足甲裁衣修造動土竪柱上梁掃舍宇栽種

九月壬戌水伐日

宜祭祀祈福求嗣上表章襲爵受封會親友出行上官赴任臨政親民結婚姻納采問名移徙解除求醫療病裁衣竪柱上梁納財開倉庫出貨財牧養納畜

十月壬戌水伐日

諸事不宜

十一月壬戌水伐日

宜祭祀祈福求嗣會親友入學結婚姻納采問名解除裁衣修造動土竪柱上梁修倉庫開市修置產室安碓磑栽種牧養納畜

十二月壬戌水伐日

宜祭祀捕捉畋獵

按壬戌乃貴人祿馬不居之地旺於冬令

子命為福星天錢生氣　丑命為財星天田天貴　寅命為天喜天寶富日三合　卯命為富星天印金匱六合　巳命為紫微天財紅鸞　午命為天錢天嗣三合　申命為福星文昌天寶天富　戌命為太陰益後　亥命為天財益後

辰未酉命值刑沖破害　又癸亥卯未命歲煞日俱忌用

壬戌日喜神正南方　貴神西北方　丁與壬合　卯與戌合　壬生乙木

壬戌年歲德在壬　歲德合在丁　歲祿在亥　歲馬在申　陽貴人在卯　陰貴人在巳

壬尅丙火　丙辰命為天尅地沖　又壬辰命為比沖俱忌用

大海水賴土而載無土能尅能包藏百川養龍變化四柱得甲子天門亥富貴盈門

七月 平

天德? 四相 相日 [illegible]

天罡 月害 遊禍 五虛 重日 勾陳 死神

六月 定

陰德? 時陰 三合 六儀 玉宇? 明堂

厭對 招搖 死氣 四廢 重日

五月 執

不將 五富 福生

劫煞 小耗 四廢 重日 朱雀

四月 破

驛馬 天后 [illegible]

月破 大耗 四廢 往亡 重日 陰陽錯

八月 滿

月恩 四相 相日 驛馬 天后 天巫 福德 鳴吠

五虛 大耗 重日 元武

三月 危

[illegible]

遊禍 天賊 重日

納音

大海水

冬至

上元六白

中元三碧

下元九紫

夏至

上元四綠

中元七赤

下元一白

入中宮

九月 除

四相 相日 吉期? 五富 [illegible] 玉堂?

劫煞 五虛 重日 元武

二月 成

[illegible]

重日 元武

十月 建

王日 續世 寶光

月建 小時 土府 月刑 四窮 六蛇 九坎 九焦 血忌 重日 陽錯

十一月 閉

王日

遊禍 血支 四窮 六蛇 復日 重日 朱雀

十二月 開

陰德 王日 驛馬 天后 時陽 生氣 益後 明堂

月厭 地火 四窮 六蛇 重日 大會 陰錯

正月 收

母倉 六合 五富 聖心?

河魁 劫煞 重日 勾陳

冬至後陽遁八門九星圖

壬子	日祿 路空 白虎 旬空
癸丑	玉堂 路空 旬空
甲寅	司命 天牢
乙卯	喜神 [illegible] [illegible] 司命 元武
丙辰	天乙 [illegible] [illegible] [illegible]
丁巳	天乙 日破 貴人 勾陳 驛馬
戊午	青龍
己未	明堂 五不遇
庚申	日害 天刑
辛酉	朱雀
壬戌	天官 路空 貴人 金匱
癸亥	日建 路空 貴人 日刑

天上大空亡六甲窮日不宜出入求財行軍一切皆忌遇急可選吉時出東南巽方休門吉

夏至後陰遁八門九星圖

壬子	日祿 白虎 路空 旬空
癸丑	玉堂 路空 旬空
甲寅	天牢
乙卯	天乙 元武 貴人
丙辰	司命
丁巳	天乙 勾陳 貴人 驛馬 日破
戊午	青龍
己未	明堂 五不遇
庚申	天刑 六害
辛酉	朱雀
壬戌	金匱 路空
癸亥	天德 路空

此大敗日忌上官赴任出行求財行軍交戰不利如遇急事用午時出正北方開門求財得財交兵得勝以上皆吉

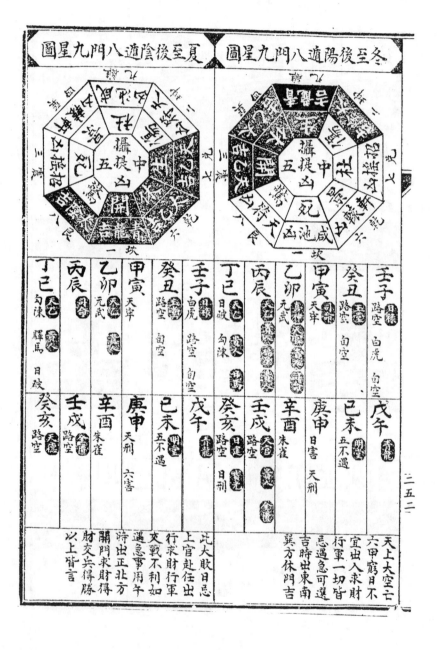

正月癸亥水專日	宜祭祀沐浴
二月癸亥水專日	宜沐浴
三月癸亥水專日	宜沐浴
四月癸亥水專日	諸事不宜
五月癸亥水專日	宜祭祀沐浴
六月癸亥水專日	宜沐浴
七月癸亥水專日	宜祭祀沐浴修飾垣牆平治道塗
八月癸亥水專日	宜祭祀解除沐浴

九月癸亥水專日　宜祭祀沐浴掃舍宇

十月癸亥水專日　宜祭祀沐浴

十一月癸亥水專日　宜沐浴

十二月癸亥水專日　諸事不宜

按癸亥為癸命真歲德天廚貴人丙丁壬命同取旺於冬令子命平　丑命用之為福星天壽益後驛馬　寅命為天貴天田六合　卯命為太陰月財升天太陽天喜富日金匱三合　辰命為富星天嗣天印紅鸞　午命為紫微　未命為三合　酉命為福星文昌生氣天富驛馬　戌命為太陽天喜催官

巳申亥命值刑沖破害　又戊寅午戌命劫煞日俱忌用

癸亥日喜神東南方　貴神東南方　戊與癸合　寅與亥合　癸生甲木

癸亥年歲德在戊　歲德合在癸　歲祿在子　歲馬在巳　陽貴人在巳　陰貴人在卯

癸魁丁火　丁巳命為天魁地沖　又癸巳命為比沖俱忌用

○貴登天門時定局

雨水後日躔在亥宮

甲日卯酉時　乙日戌時　丙日亥時　丁日丑時　戊日酉卯時

己日寅時　庚日酉卯時　辛日申時　壬日未時　癸日巳時

春分後日躔在戌宮

乙日酉時　丙日戌時　丁日子時　戊日申寅時　己日酉丑時

庚日申寅時　辛日未卯時　壬日午時　癸日辰時

穀雨後日躔在酉宮

丁日酉亥時　戊日未丑時　己日申子時　庚日未丑時　辛日午寅時

壬日巳時　癸日卯時

小滿後日躔在申宮

丙日戌時　丁日申戌時　戊日午子時　己日未亥時　庚日午子時

辛日巳亥時　壬日辰寅時　癸日寅時

夏至後日躔在未宮

乙日戌時　丙日酉時　丁日未時　戊日巳亥時　己日午戌時

庚日巳亥時　辛日辰子時　壬日卯丑時

大暑後日躔在午宮

乙日酉時　丙日申時　丁日午時　戊日辰戌時　己日巳時

庚日辰戌時　辛日卯亥時　壬日寅子時　癸日寅時

處暑後日躔在巳宮

甲日酉時　乙日申時　丙日未時　丁日巳時　戊日卯酉時

巳日辰時　庚日卯酉時　辛日戌時　壬日亥時　癸日丑時

秋分後日躔在辰宮

甲日申寅時　乙日未卯時　丙日午時　丁日辰時　巳日卯時

辛日酉時　壬日戌時　癸日子時

霜降後日躔在卯宮

甲日未時　乙日午寅時　丙日巳卯時　丁日卯時　壬日酉時

癸日酉亥時

小雪後日躔在寅宮

甲日午子時　乙日巳丑時　丙日辰寅時　癸日申亥時

冬至後日躔在丑宮

甲日巳亥時　乙日辰子時　丙日丑時　丁日卯時　巳日辰時

癸日未酉時

大寒後日躔在子宮

甲日辰戌時　乙日卯亥時　丙日子時　丁日寅時　巳日卯時

壬日申時　癸日午申時

擇日叢書

△中國民曆實用指南／張崇俊
擇日不難・吉慶自選／100元

△嫁娶與擇日／柯振遠
中國傳統擇日根本／200元

△擇日選時奇書／鍾友聯
天師留下救凡人・仙人口訣宜遵守／150元

△擇日學精義／吳明修
選擇安葬開市動土嫁娶移徙等／250元

△御定星曆考原／清・李光地
象數本要年神方位月事吉神日時總類／180元

△中華太陰萬年歷／韓雨墨
研究五行易理、命學、針灸、學術思考者必備／250元

△選吉探原／袁樹珊
擇日選時奇書／150元

△協紀辨方書／梁湘潤
「擇日」神煞之學／960元

△家禮大成／龍溪呂振
稱呼帖式、時令名號、婚姻儀式／180元

△剋擇講義／繼成堂眞傳
嫁娶、造宅、安葬、趨吉避凶必備珍本／３００元

△擇日與合婚／程靈凡
嫁娶等擇日方法／１２０元

△挨星選吉天機眞訣／張糧
救貧造福之堪輿法寶／２５０元

△中國陰陽曆節令搜奇／王世禎
介紹中國各地民情及風俗由來／１５０元

△中國民情風俗搜奇／王世禎
中國地大物博、民俗信仰的千奇百怪及宗教研究／１００元

△婚課鏡鑑／　元

重新依循嫁娶碎金賦之爲詮註釋義說明／２００元

△玉匣記／許眞君

選日占驗眞本／１２０元

△開館人命名風水擇日評義／凌敬惟

貫通天地人三篇，發揚堪輿學之眞詮／２５０元

△新增象吉通書大全／魏明遠

擇日嫁娶之大成／８００元

△實用三元擇日萬年曆（上）（中）／林文松、陳怡誠

年月日時配合吉凶格便訣表／各６００元

△實用三元擇日萬年曆（下）／林文松、陳怡誠
年月日時配合吉凶格便訣表／５００元

△七政天星擇日學／周志學
集古今星象資料・推算黃道十二宮／２５０元

△斗首選擇通書滙參／李科儒
斗首選擇通書匯參／２５０元

△選擇正宗／鍾頠秀
擇日選吉之密・通三才之正宗／２５０元

△神煞叢辰法／梁相潤
建除十三神・年月日神煞分類表／１６０元

<參星秘要>諏吉便覽

著　　者　珍藏本
發 行 人　林聰富
出 版 者　武陵出版有限公司
社　　址　台北市新生南路三段19巷19號
電　　話　3638329 • 3630730
傳眞號碼　3621183
郵撥帳號　0105063-5
法律顧問　王昧爽律師
地　　址　台北市羅斯福路二段1號11樓
印 刷 者　上英印刷股份有限公司
裝 訂 者　忠信裝訂廠
登 記 證　局版臺業字第1128號
初　　版　1993年8月

定價200 元

ISBN 957-35-0694-7